세모 지식 박물관 7
지붕이 들려주는 건축 이야기

세모 지식 박물관 7

지붕이 들려주는 건축 이야기

초판 1쇄 발행 | 2016년 2월 25일
초판 15쇄 발행 | 2025년 10월 20일

글쓴이 | 남궁담
그린이 | 심승희
펴낸이 | 조미현

책임편집 | 황정원
디자인 | 씨오디Color of Dream

펴낸곳 | (주)현암사
등록 | 1951년 12월 24일 · 제10-126호
주소 | 04029 서울시 마포구 동교로12안길 35
전화 | 02-365-5051 · 팩스 | 02-313-2729
전자우편 | child@hyeonamsa.com
홈페이지 | www.hyeonamsa.com
블로그 | blog.naver.com/hyeonamsa
인스타그램 | www.instagram.com/hyeonam_junior

ISBN 978-89-323-7409-3 73610

* 이 책은 저작권법에 따라 보호를 받는 저작물이므로 저작권자와 출판사의 허락 없이 이 책의 내용을 복제하거나 다른 용도로 쓸 수 없습니다.
* 책값은 뒤표지에 있습니다. 잘못된 책은 바꾸어 드립니다.
* 현암주니어는 (주)현암사의 아동 브랜드입니다.

KC	제품명 도서	전화 02-365-5051
	제조년월 2025년 10월	제조국명 대한민국
	제조자명 (주)현암사	사용연령 8세 이상
	주소 서울시 마포구 동교로12안길 35	

주의: 책 모서리에 부딪히거나 종이에 베이지 않도록 주의해 주세요.
• KC 마크는 이 제품이 공동안전기준에 적합하였음을 의미합니다.

지붕이 들려주는 건축 이야기

| 세모 지식 박물관 7 |

글 남궁담 · 그림 심승희

현암
주니어

 차례

머리말 • 6

1장 기후와 환경을 이겨 낸 전통 가옥

눈으로 만든 지붕, 이글루 • 10
나무와 풀로 만든 지붕, 고상 가옥과 수상 가옥 • 20
돌로 꾀를 부린 지붕, 트룰로 • 28
나누고 접을 수 있는 천막 지붕, 게르와 티피 • 37
흙 기와지붕, 토루 • 43

2장 힘을 뽐낸 세계의 문화재

침략자도 감동시킨 돔, 아야 소피아 성당 • 50
높고 뾰족한 첨탑 지붕, 샤르트르 대성당 • 61
다섯 개의 돌탑 지붕, 앙코르 와트 • 68
거대한 기와지붕, 자금성 • 74
날렵하고 고운 기와지붕, 히메지 성 • 79

3장 과학으로 이룬 건축물

팔각 돔, 산타 마리아 델 피오레 대성당 • 90
과학이 숨긴 비밀 돔, 세인트 폴 대성당 • 96
자연 환기를 돕는 지붕, 석굴암 • 103
환경을 생각하는 지붕, 에너지 제로 하우스 • 112

참고한 자료 • 118

 **머리말**

'지붕 없는 사람'이란 말, 들어본 적 있니? '집'을 '지붕'으로 잘못 쓴 말이 아닐까 생각하기 쉽지만, 자기 집을 갖지 못한 사람을 비유할 때 쓰는 말이야. 그렇다면 왜 애초에 '집 없는 사람'이라고 말하지 않는 걸까? 그건 말이야, 지붕이 갖춰진 집이라야만 제대로 된 집이라고 할 수 있기 때문이야. 지붕 없는 집은 어떤 집일 것 같아? 다 지어지지 않았거나 훼손된 집 아니겠니? 그런 집은 눈과 비는 물론 이슬도 막아 줄 수 없고, 겉모습이 흉물스러워서 바라보는 순간 눈살이 찌푸려지고 두려움이 느껴질지도 몰라. 그만큼 지붕이 하는 역할은 매우 중요해.

건축물은 어떤 목적으로, 어떻게 지어졌든 간에 '기단(바닥), 벽, 지붕', 이렇게 세 가지 요소로 이루어져. 이 세 가지 요소 중에서 건축물의 겉모양을 결정하는 데 제일 큰 구실을 하는 것도 지붕이야. 건축물을 사람에 빗대어 말한다면 지붕은 얼굴과 같은 곳이거든. 어떤 사람을 처음 대했을 때 그 사람 얼굴에 제일 먼저 눈길이 가듯이, 건축물을 바라볼 때 자기도 모르게 제일 먼저 눈길을 주는 곳도 지붕이잖아. 인류의 건축술은 훌륭한 지붕을 만들기 위해 발달해 왔다고 말하는 사람도 있어. 그러니까 어떤 건축물을 제대로 이해하기 위해 지붕이 어떤 재료로 어떻게 만들어졌는지 살펴보는 일은 참 의미 있는 일이야.

건축물의 지붕을 꼼꼼히 살펴보면 참 많은 것을 공부하게 돼. 지붕은 그 건축물이 서 있는 곳의 지역적 특성을 알려 주고, 그 건축물이 어떤 민

음과 신념으로 지어졌는지도 말해 줘. 어떤 지붕들은 기후나 환경을 극복하기 위한 지혜가 담겨 있기도 해. 특히 많은 사람들에게 두루 의미가 있는 기념비적인 건축물들은 그곳 역사를 대신 말해 주기도 하지. 그래서 어떤 건축물의 지붕이 어디에서, 무엇으로, 어떻게 만들어졌는지를 살펴보는 일은 단순히 그 건축물 형태를 이해하는 것에 그치지 않아.

 비행기를 타고 지구를 한 바퀴 돈다고 상상해 보자! 우리 눈 아래에 어떤 모습이 펼쳐질까? 크기도 모양도 색깔도 갖가지인 지붕들이 여기저기 수놓아진 모습이 펼쳐질 거야. 아무리 많은 시간이 흘렀다지만, 사람들은 어떻게 그렇게 많은 건축물들을 지구 곳곳에 퍼뜨려 지을 수 있었을까? 또 무슨 생각에 골몰하며 살았기에 저마다 다른 모양 지붕들을 건축물 꼭대기에 얹어 놓았을까? 지붕 속을 자세히 들여다보면 그동안 미처 알지 못했던 비밀스러운 이야기들을 알게 될지도 몰라.

 어때? 나와 함께 인류가 지붕 속에 숨겨 놓은 많은 비밀들을 파헤치러 세계 여러 나라 건축물의 지붕 속으로 들어가 보지 않을래? 여행이 끝나면 틀림없이 건축물을 바라보는 새로운 눈을 갖게 될 거야.

다른 게 있다면, 서양 건축이 이룩한 돔 지붕은
아름다움과 힘을 뽐내기 위한 욕망으로 만들어 낸 것이지만,
이글루는 추운 날씨를 극복하기 위해 만든 지혜의 산물이라는 거야.
단순하지만 아름답고 그 속에 대단한 건축 기술까지 숨어 있으니,
그 어떤 훌륭한 건축물과 비교해도 모자람이 없어.

1장
기후와 환경을 이겨 낸 전통 가옥

 눈으로 만든 지붕, 이글루

너희들은 '눈과 얼음으로 뒤덮인 나라' 하면 제일 먼저 어디가 떠올라? 모르긴 해도 영화 〈겨울왕국〉의 배경이 된 얼음 나라를 떠올리는 사람들이 가장 많을걸. 영화 속 얼음 나라는 더없이 아름답고 신비로운 모습으로 우리 마음을 사로잡지만, 실제로 그런 곳에 사는 사람들 삶은 그렇게 낭만적이지 못해. 그런 얼음 나라는 풀 한 포기, 나무 한 그루 자라기 힘들 만큼 추운 곳이니까 말이야.

이누이트들

눈으로 지은 집, 이글루

영화 〈겨울왕국〉과 똑같다고는 할 수 없지만, 그린란드나 캐나다 북부, 알래스카 주, 시베리아 등 북극해 지역에 자리한 나라들은 기온이 몹시 낮은 곳이라 일 년 중 대부분이 온통 눈과 얼음으로 뒤덮여 있어. 그래서 예전에 이 지역 사람들은 농사를 짓지 못하고 원시 시대 사람들처럼 바다에서 사는 물고기나 짐승 등을 사냥해서 살았어. 이 사람들을 뭐라고 부르는지 아니? 맞아. '이누이트'라고 불러.

이누이트는 예전에는 '에스키모'라고 많이 불렀어. 하지만 그 말이 '날고기를 먹는 사람들'이라는 뜻으로 낮춰 부르던 말이었기 때문에 이누이트들은 그렇게 불리는 걸 좋아하지 않아. 이누이트라 불리는 걸 더 좋아하지. 이누이트는 '큰 사람'이란 뜻이야.

먹을 것을 구하는 일뿐 아니라 이누이트들은 집 짓는 방법도 매우 독특했어. 이들이 사는 곳은 나무가 몹시 귀한데다가 인구도 얼마 되지 않고, 개가 끌어 주는 썰매 말고는 달리 편리한 교통수단이 있는 것도 아니었거든. 추운 지방에 필요한 물자를 실어 나르는 일은 요즈음에도 쉽지 않은데, 문명이 발달하지 못했던 시절에는 얼마나 더 어려웠겠어? 그래서 이누이트들은 주변에서 제일 손쉽게 구할 수 있는, 눈과 얼음을 가지고 집 짓는 법을 궁리했어. 그러다 마침내 눈으로 벽돌을 만들어 집 짓는 방법을 터득하게 됐지. 바람에 단단하게 뭉쳐진 눈덩이를 길쭉하고 네모나게 자른 뒤, 한 층 한 층 둥글게 쌓아서 돔 모양 집을 짓는 법을 알아내게 된 거야. 이렇게 지은 집이 바로 '이글루'야. 지금은 이글루를 짓고 사는 사람들이 드물지만, 이글루는 이누이트들이 지독하게 추운 겨울을 견디고, 사냥터에서 임시로 지내기에는 최고로 좋은 집이래.

네모난 눈덩이를 한 층 한 층 쌓아 이글루를 만든다.

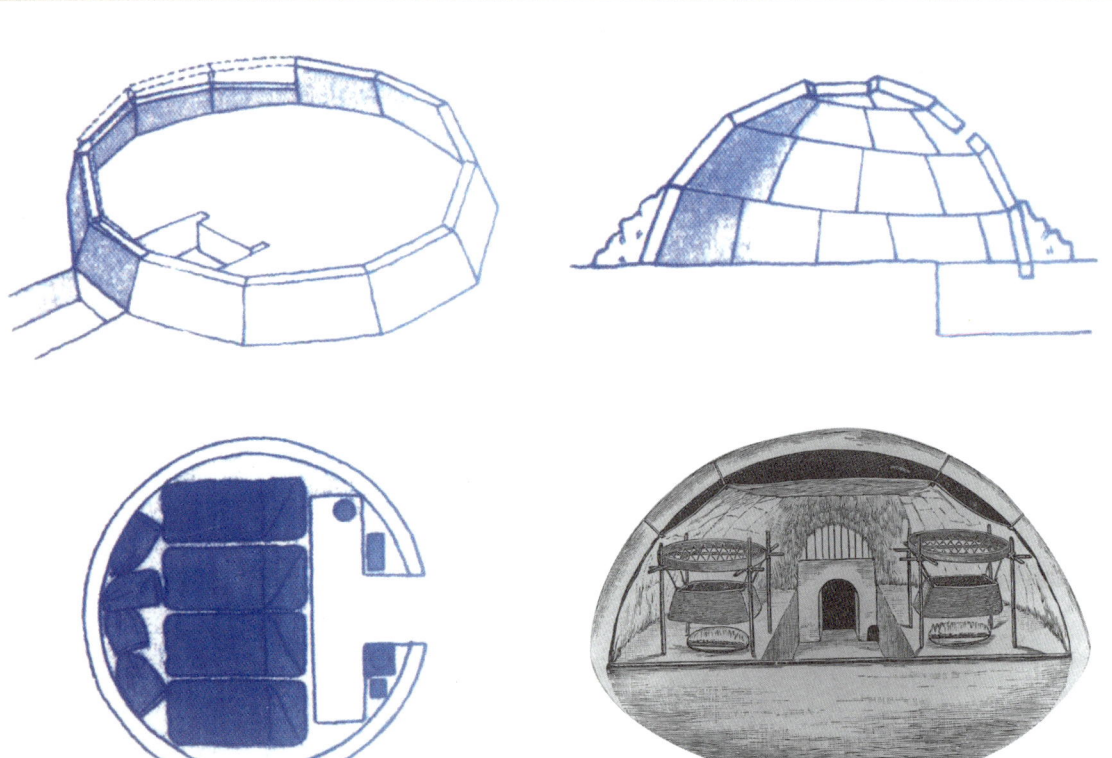

이누이트들이 눈을 쌓아 이글루를 만들고 있다.

　이글루는 눈과 얼음으로만 지은 집이기 때문에 원시적인 집이라고 생각하기 쉬워. 하지만 그건 이글루에 대해 잘 모르기 때문이야. 이글루가 원시적인 집 형태인 건 맞지만 건축물이 갖춰야 할 요소, '기단, 벽, 지붕'을 모두 갖추고 있는걸. 게다가 아름답기까지 해. 이글루는 원형 벽과 원형 지붕이 하나로 연결된 인류 최초의 돔 지붕 집이야. 벽과 지붕을 구분하지 않고 하나처럼 완성하는 일은 건축 기술이 발달한 요즈음에도 쉽지 않은 일이래. 흔히 돔 모양 지붕은 서양 건축이 이룩한 놀라운 기술이라고 알고 있지만, 서양 문명과 멀리 떨어진 곳에서 살아 온 이누이트들에게는 더 오래 전부터 익숙한 것이었어. 그러니까 이누이트들은 서양의 건축 기술자들보다 먼저 돔 지붕을 완성한 훌륭한 건축 기술자들인 거지.

이누이트 겨울 생활 묘사도

　그런데 말이야, 이글루는 왜 모두가 둥근 모양뿐일까? 그동안 우리가 책이나 사진, 영화 등에서 보았던 이글루는 모두 지붕이 둥근 모양뿐이잖아. 집 짓는 재료는 눈과 얼음밖에 없었다고 쳐. 천지 사방이 모두 눈이니까 재료가 모자를 리도 없고, 마음만 먹으면 집 모양을 여러 가지로 바꿀 수도 있지 않았을까? 영화 〈겨울왕국〉 속 얼음 궁전처럼 반짝반짝 빛나는 얼음 첨탑(뾰족한 탑) 지붕을 만들 수도 있었을 테고 말이야. 얼음으로 돔 지붕을 만드는 솜씨를 가진 사람들이라면 충분히 할 수 있었을 텐데, 왜 하나같이 둥근 모양 집만 지었을까?

　북극해 주변 나라들은 기온이 영하 40도 아래로 떨어질 때가 많고, 바람이 불기 시작하면 사람이 제대로 서 있을 수 없을 정도야. 그런 날은 눈보라 때문에 한 치 앞도 가늠할 수 없어서, 아무리 추위를 잘 견디는 이누이트들이라 할지라도 집 밖에 나갈 엄두를 내지 않는대. 자칫하다간 길을 잃고 눈벌판을 헤맬 수 있거든. 그런 곳에 네모나게 각이 진 집이나 높은 지붕을 얹은 집이 서 있다면 어떨 것 같아? 칼날처럼 날을 세운 바람이 집과 정면으로 부딪히게 되겠지? 아무리 단단한 얼음집이라 해도 얼마 버티지 못하고 무너지고 말 거야. 이누이트들에게 가장 좋은 집은 언제 불어닥칠지 모르는 무서운 바람을 고스란히 맞고 서 있어도 끄떡없는 것이라야 했어. 그러려면 바람이 집을 비켜 갈 수 있도록 벽과 지붕이 한 덩이로 된 원형 집이어야 하고, 지붕은 될수록 낮아야 한다는 걸 이누이트들은 알았던 거야.

이글루는 바람에도 끄떡없다구!

비록 크기와 재료는 다르지만, 완전히 다른 두 문화가 같은 건축물 형태를 낳았다는 게 참 놀랍지? 다른 게 있다면, 서양 건축이 이룩한 돔 지붕은 아름다움과 힘을 뽐내기 위한 소망으로 만들어 낸 것이지만, 이글루는 추운 날씨를 극복하기 위해 만든 지혜의 산물이라는 거야. 단순하지만 아름답고 그 속에 대단한 건축 기술까지 숨어 있으니, 그 어떤 훌륭한 건축물과 비교해도 모자람이 없어. 차가운 얼음을 최고의 단열재로 만든 지혜도 놀랍지만, 서양 문명이 그렇게 오래도록 공들여 이룩한 아름다운 돔 지붕을 가장 원시적인 재료로 만들어 낸 기술은 정말 높이 칭찬할 만해. 그러니 인류 역사상 제일 먼저 돔 지붕을 만든 사람들은 이누이트들이라고 말해도 좋지 않겠니? 그들은 '환경을 이용해서 환경을 이겨 낸 지혜로운 건축물'을 남긴 사람들이라고 우러름받아 마땅해.

폭설에도 끄떡없어, 투막집과 갓쇼즈쿠리

갓쇼즈쿠리의 가파른 지붕   투막집의 둥근 지붕

 폭설과 바람을 견디기 위한 집이라고 지붕이 모두 둥근 것은 아니야. 경상북도 울릉도의 전통 집 '투막집'과 '갓쇼즈쿠리'라는 일본 전통 집은 폭설을 대비해 지었는데도 지붕 형태가 전혀 달라. 투막집 지붕은 낮고 둥그스름하지만, 갓쇼즈쿠리 지붕은 매우 가파르고 뾰족하거든.

 투막집은 통나무를 '우물 정(井)' 자 모양으로 쌓아 올려 벽을 만든 뒤, 그 위에 지붕을 얹은 집이야. 지붕 네 곳에는 모두 경사가 완만한 지붕면이 있는데, 이런 모양 지붕을 '우진각 지붕'이라고 불러. 우진각 지붕 모양은 앞뒤는 사다리꼴이지만 옆면은 삼각형으로, 우리나라 전통 가옥, 특히 초가집에 많이 쓰여. 투막집 지붕에 올리는 재료는 촘촘히 엮은 마른 억새나 너와(나무 널빤지 기와)야. 모두 울릉도에서 구하기 쉬운 것들이지.

 완성된 지붕에는 군데군데 눌림돌을 얹는데, 지붕이 바람에 날아가 버리는 일이 없도록 하기 위해서야. 울릉도는 겨울이면 집이 파묻힐 정도로 폭설이 내리지만, 바람도 몹시 부는 곳이거든. 투막집 지붕 경사가 완만한 건 그렇게 해야 바람의 영향을 적게 받기 때문이야. 만약 울릉도가 바람이 많이 부는 곳이 아니라면 지붕을 그렇게 완만하게 할 수 없었을 거야. 폭설이 내릴 때마다 지붕에 눈이 쌓일 걱정을 해야 할 테니까 말이야.

마른 억새를 지붕에 얹은 투막집

투막집 내부

　그렇다고 지붕을 가파르게 할 수도 없었어. 지붕이 가파르면 바람의 저항을 많이 받게 될 테니까 말이야.
　'갓쇼즈쿠리'는 일본 말로 '합장 가옥'이라는 뜻이야. 두 팔을 가슴께로 올려 양손을 마주 보게 붙이는 걸 합장이라고 하잖아. 지붕 모양이 마치 합장하고 있는 손 같아서 그렇게 이름 붙인 거야. 갓쇼즈쿠리는 지붕 끝이 뾰족하고 경사가 가파르기도 하지만 길이도 무척 길어. 옆에서 보면 지붕 처마가 마치 땅에 닿을 것 같아 보일 정도인데, 지붕을 그렇게 길고 가파르게 만든 건 눈 때문이야. 갓쇼즈쿠리가 많이 모여 있는 곳은 일본

일본 시라카와고의 갓쇼즈쿠리들

일본 고카야마의 갓쇼즈쿠리들

기후 현에 있는 시라카와고와 도야마 현에 있는 고카야마인데, 눈이 아주 많이 내리는 곳이래. 그래서 눈이 지붕에 쌓이지 않고 아래로 잘 흘러내리게 해야 했어. 만약 이곳이 울릉도처럼 바람이 많이 부는 곳이었다면, 지붕이 바람의 저항을 받지 않도록 다른 꾀를 써야 했겠지.

　지붕이 세로로 긴 갓쇼즈쿠리는 폭설을 견디는 일 말고도 다른 쓸모가 있대. 가파르고 기다란 지붕 안쪽엔 넓은 공간이 있는데, 마을 사람들은 여기에 누에를 기를 수 있는 선반을 만들어. 시라카와고와 고카야마 마을은 농사를 짓기 어려운 곳이라 마을 사람들 대부분이 뽕나무와 누에를 길러 생계를 이었거든. 뽕나무는 밭에서 기르지만 누에는 집 안에서 길러야 하는데, 갓쇼즈쿠리 지붕 속 공간이 누에를 기르기에 안성맞춤이었던 거야.

볏짚으로 갓쇼즈쿠리 지붕을 새로 이고 있다.

　길고 가파른 삼각형 지붕

지붕 옆면 창문은 폭설에 출입문 역할을 한다.

옆면에 달린 창문은 눈이 많이 왔을 때 출입문 구실도 해. 아래층이 눈 속에 파묻혔을 때 지붕 옆면에 난 창문이 출입문이 되어 주는 거야. 한 가지 더, 갓쇼즈쿠리는 어느 집이든지 지붕이 동서 방향으로 얹어져 있는데 그 까닭이 뭔지 알아? 맞았어. 바람 때문이야. 마을이 자리한 곳이 남북으로 길쭉한 골짜기라 남북으로 강한 바람이 부는데, 이때 바람을 덜 맞게 하기 위해서래. 또 그렇게 하면 햇빛이 지붕에 잘 비쳐 들어 눈을 쉽게 녹아내리게 하는 효과도 있대.

폭설 속 갓쇼즈쿠리

 나무와 풀로 만든 지붕, 고상 가옥과 수상 가옥

집 꼭대기를 덮는 지붕이라면 재료가 단단한 것이어야 한다고 생각할 거야. 하지만 나무껍질이나 풀 줄기로 지붕을 만든 곳들도 있어. 바로 베트남이나 타이 같은 곳이지. 이들 나라는 일 년 내내 덥고 비가 많이 내리는 열대 우림 지역에 자리하고 있어. 그래서 우기가 되면 비가 몇 개월씩 내리기도 하지. 그럴 때면 집이 강물에 쓸려 가고, 마을 전체가 물에 잠기기도 하고, 습하고 더워서 벌레가 들끓고, 뱀이나 전갈 등 야생 동물들의 습격을 받기도 해. 비가 내리지 않을 때는 어떻고? 햇볕이 일직선으로 내리쬐기 때문에 열기도 만만치 않지. 그래서 이런 기후에서 사는 사람들은 집을 지을 때 땅에 바짝 붙여 짓지 않고 높이 위로 올려서 지어. 이렇게 지은 집을 '고상 가옥'이라고 부르는데, 말

베트남 소수 민족, 바나르족의 고상 가옥

그대로 높은 곳에 지은 집이란 뜻이야. 바람이 잘 통하도록 벽은 나무껍질로 만들고, 지붕도 나무껍질을 엮어 빗물이 잘 흘러내리도록 가파르게 만들어.

강물 위에 말뚝을 박고 그 위에 집을 지은 '수상 가옥'도 있는데, 고온 다습한 열대 기후에 걸맞게 지은 집이라 고상 가옥과 크게 다르지 않아. 고상 가옥이 땅 위에 올려 지은 집이라면 수상 가옥은 강물 위에 지은 집이라는 점이 다르지.

동남아시아 정글에 사는 소수 민족들은 바닥부터 지붕까지 온통 대나무로 집을 짓기도 해. 대나무는 느낌이 차갑잖아. 그래서 대나무를 얇게

타이의 고상 가옥

쪼개서 바닥에 깔고 벽을 세우면 후덥지근한 더위를 식히는 데 도움이 돼. 또 대나무는 바람이 잘 통하기 때문에 습기와 열기를 견딜 수 있고, 땅에서 높이 올려 집을 지으면 정글에 사는 사나운 짐승과 벌레 들을 피하기에도 더없이 좋아. 그렇다면 지붕은 어떻게 만들었을 것 같아? 대나무집 지붕도 다른 고상 가옥처럼 경사지게 만들어. 지붕 뼈대 위에 대나무를 촘촘하게 엮어 비스듬하게 세우면 이슬이나 빗방울이 밑으로 잘 흘러내리거든.

　고상 가옥이 열대 지역에만 있는 것은 아니야. 북극해 연안과 그린란드 해안 지역처럼 여름은 짧고 겨울은 긴, 매우 추운 툰드라 기후를 띠는 지역에도 고상 가옥이 있어. 하지만 추운 곳에 있는 고상 가옥은 열대 지역의 고상 가옥과는 짓는 목적이 좀 달라. 열대 기후의 고상 가옥이 열기와

그린란드의 수도, 누크의 고상 가옥들

미얀마의 수상 가옥들

습기가 땅에서 올라오는 것을 막기 위해 지은 집이라면, 한대 기후의 고상 가옥은 겨울철과 여름철을 동시에 대비한 집이라는 것이지. 겨울철에는 꽁꽁 언 땅에서 냉기가 올라오는 것을 막고, 여름철에는 얼었던 땅이 녹아 집이 기울어지는 것을 막기 위해서 집을 땅에서 띄워 짓거든.

집을 그렇게 높이 올려 지으면 매번 드나들 때마다 어렵지 않겠느냐고? 집을 드나들 때마다 사다리로 오르내려야 하니까 아무래도 땅에 바짝 붙여 짓는 것보다 불편하겠지. 그래도 집이 자주 물에 잠기고 맹수나 해충 들의 습격에 시달리는 것보다는 낫지 않겠니?

수상 가옥은 형편이 넉넉하지 않은 나라 사람들의 집으로만 생각하기 쉬운데, 꼭 그런 것만은 아니야. 동남아시아 보르네오 섬 북서쪽 해안에 있는 부유한 이슬람 왕국, 브루나이에도 수상 가옥이 즐비한 마을이 있

캄퐁 아에르 마을의 수상 가옥들

어. 캄퐁 아에르라는 마을이 바로 그곳인데, 이곳은 보통 사람들이 사는 집들은 물론이고, 학교, 병원, 경찰서 등 관공서까지도 모두 강물 위에 지어졌어. 물 위에 지어졌지만 건물 안에는 생활에 편리한 시설들이 모두 갖춰져 있어.

  천연가스와 석유로 돈을 많이 버는 나라답게 집을 지탱해 주는 기둥을 철근으로 했고, 높이도 5미터나 올려 지었어. 지붕도 함석이나 철판 같은 현대적인 재료로 덮었고 말이야. 집을 오르내릴 때는 사다리를, 건물 사이를 오갈 때는 나무로 된 다리로 건너지만, 마을 안을 오갈 때는 배를 이용해. 배가 자동차 구실을 하는 거지.

갈대로 만든 지붕, 우로스족의 갈대집

바닥부터 지붕까지 온통 갈대로 된 집도 있어. 남아메리카 페루에 있는 안데스 산맥 한가운데에는 티티카카라는 호수가 있거든. 세계에서 가장 높은 곳에 있는 호수야. 이 호수에는 크고 작은 여러 개 섬들이 있는데, 이 섬들을 '우로스 섬'이라고 하고, 이곳에 사는 사람들을 '우로스족'이라고 불러.

섬이라 이름 붙이긴 했지만, 사실 우로스 섬은 자연적으로 만들어진 섬이 아니라 모두 사람 손으로 만들어진 인공 섬이야. 그것도 호수 둘레에서 자라는 갈대, 토토라를 잘라 만든 갈대섬이래. 어떻게 갈대로 섬을 만들었을까, 믿어지지 않겠지만 사실이야. 섬 위에 지은 집들도 모두 갈대로만 만들었는걸. 갈대섬 위에 집을 짓다니, 위험천만하다고? 그런 걱정은 안 해도 돼. 마른 갈대는 가볍기 때문에 겹겹이 엮어 물에 띄워도 가라앉지 않거든.

우로스족의 갈대집

하지만 호수 주변 땅을 놔두고 왜 섬을 만들어 그 위에 집을 짓고 사는지 궁금할 거야. 그 까닭을 알려면 서기 1세기 무렵에 살았던 우로스족과 꼬야족 이야기를 들어봐야 해. 어느 날 우로스족은 싸움을 잘하는 꼬야족의 침략을 받고 티티카카 호수로 도망을 가. 그리고 그때부터 호수 둘레에 지천인 갈대로 섬을 만들고, 그 위에 갈대집을 만들어 살기 시작했어.

우로스 섬은 갈대를 3미터 이상 쌓아 올린 섬이라 밟고 서 있으면 푹신푹신한 느낌이 난대. 섬 위에 지은 갈대집은 바닥과 벽, 지붕이 온통 갈대야. 갈대집을 지으려면 먼저 가느다란 나무로 뼈대를 만들어. 그리고 갈대를 말려 촘촘하게 엮어 만든 멍석으로 벽을 감싸고, 그 위에 지붕을 경사지게 올려. 이곳은 비가 많이 내리지는 않지만, 어쩌다 내리는 비라도 빗물이 빨리 흘러내리지 않으면 갈대 지붕이 금세 썩어 버리거든. 이곳은 햇볕이 뜨겁고 바람이 많이 부는 곳인데, 촘촘하고 두툼한 갈대 지붕이 열기와 바람을 잘 막아 준대.

빗물이 빨리 흘러내리도록 지붕을 경사지게 만든다.

갈대를 말려 집을 만든다.

 그렇지만 늘 물속에 잠겨 있는 갈대섬 밑부분은 잘 썩기 마련일 거 아냐. 그래서 몇 달에 한 번씩은 새 갈대를 쌓아 올려 섬 높이를 맞춰야 한대. 밑부분이 썩으면 섬이 가라앉으면서 물이 위로 스며들 수 있잖아. 바람이 불면 섬이 이리저리 떠밀려 다니지는 않을까, 그런 염려는 하지 않아도 돼. 섬 밑부분은 갈대 뿌리를 이용해 만든 단단한 버팀대에 묶여 있거든.

 돌로 꾀를 부린 지붕, 트룰로

　이번엔 꾀 많은 돌지붕 얘기야. 이탈리아 풀리아 주에 있는 알베로벨로라는 도시에는 회색 고깔모자를 쓴 것 같은 하얀 집들이 다닥다닥 모여 있는 곳이 있어. 이 돌집들은 한 채만은 '트룰로', 여러 채 모여 있는 건 '트룰리'라고 불러.

　트룰로는 벽은 물론 지붕까지 온통 돌로만 만들어졌어. 그런데 접착제는 전혀 쓰이지 않았대. 돌을 쌓아 벽을 만드는 일이 특별한 일은 아니야. 하지만 돌을 원뿔 모양으로 쌓아 지붕에 올리면서 접착제를 쓰지 않았다는 게 정말 놀라워. 지중해 주변 바닷가라 바람도 많이 부는 곳인데, 왜 굳이 접착제를 쓰지 않았을까? 자칫 바람에 집이 무너져 버릴 수도 있는데 말이야. 거기에는 그럴 만한 까닭이 있었어.

이탈리아 도시, 알베로벨로

원뿔 모양으로 돌을 쌓아 지붕을 만든 돌집들, 트룰리

　16세기 무렵, 이탈리아는 스페인의 지배를 받고 있어서, 알베로벨로는 집집마다 스페인 왕실에 세금을 내야 했어. 열심히 일해서 번 돈을 남의 나라에 세금으로 바쳐야 했으니, 참 억울했겠지? 그래서 이곳 주인이던 콘베르사노 백작은 스페인 왕실을 속일 꾀를 생각해 내. 집을 지을 때 지붕에는 칠도 하지 않고, 접착제도 바르지 않아 쉽게 부술 수 있도록 한 거야. 그러고는 집 숫자를 줄여서 알렸대. 스페인은 집 한 채마다 세금을 매겼거든. 만약 스페인 왕실에서 집 숫자를 세러 나오면 재빨리 지붕을 부수고는 집이 아니라고 시치미를 떼는 거지. 지붕 없는 집을 집이라고 볼 수는 없으니까 말이야.

　트룰로 벽이 온통 하얀 건 뜨거운 햇살을 반사해서 집 안을 시원하게 하기 위해서야. 지중해 바닷가는 햇볕이 매우 뜨거운 곳이거든. 집 벽에 바른 하얀 칠은 마을에 흔한 석회암을 빻아 만들기 때문에 구하기도 쉬웠어. 트룰로가 지붕만 짙은 회색빛이 나는 것은 지붕에만 칠을 하지 않았기 때문이야. 벽은 여름에는 시원하고 겨울에는 따뜻하도록 돌을 두껍게 쌓았어. 지붕은 다듬은 석회암 돌멩이를 동심원 꼴로 높이 쌓아 올렸어. 그래서 지붕 안에는 넓은 공간이 생기는데, 이곳은 식량 창고로도 쓰였대.

그런데 집들이 한 채 한 채 늘어나자 뜻하지 않은 일이 생겼어. 쉽게 부술 수 있도록 속임수를 써서 지은 돌집들이 여러 채 모여 있으니까 멀리서 마을을 보면 너무도 아름답게 보이는 거야. 그래서 알베로벨로 사람들은 스페인 지배에서 벗어나 더 이상 세금을 물지 않게 되었을 때도 이전과 똑같은 방법으로 집을 지었대. 이때는 부술 것을 미리 마음에 두고 짓는 게 아니었으니까 굳이 접착제를 쓰지 않으려고 하지는 않았어.

트룰로는 방 한 개에 지붕을 한 개씩 얹었기 때문에 밖에서 지붕만 보고도 그 집에 방이 몇 개인지 알 수 있어. 방과 방은 복도 없이 곧바로 이어지고, 잠을 자는 곳, 창고, 작업실 등으로 나뉘어. 지붕 꼭대기에는 별이나 둥근 모양 등의 장식이 붙어 있는데, 마

돌멩이를 동심원 꼴로 쌓아 올렸다.

트룰로 지붕 장식

지붕에 태양을 그려 놓은 트룰로

을 사람들이 태양 숭배 사상을 가지고 있기 때문이래. 지붕면에는 기하학적 무늬나 십자가, 하트, 해, 달, 별 등이 그려져 있기 때문에 집마다 다른 멋을 느낄 수 있어. 지붕에 이렇게 갖가지 무늬들을 그려 놓은 것은 그 무늬들이 가족들을 보호해 준다고 믿기 때문이야.

그리스 산토리니 섬에도 직사각형으로 된 하얀 돌집들이 다닥다닥 붙어 있는 곳이 있어. 이곳 집들도 모두 하얀 칠이 칠해져 있는 건, 트룰로처럼 햇볕을 반사해서 집 안을 시원하게 하기 위해서야. 집들이 바짝바짝 붙어 있는 까닭은 바다에서 불어오는 바람을 피하기 위해서래. 지붕은 낮은 경사 지붕이거나 테라스처럼 밖으로 나갈 수 있는 지붕인데, 그것도 바람을 버텨 내기 위해서야. 지붕이 높으면 그만큼 바람의 저항을 많이

산토리니 섬의 하얀 돌집들

받게 되잖아.

  이곳 집들은 지붕에 고인 물이 벽을 타고 내려와 지하에 있는 물탱크에 고이도록 설계되어 있는데, 그 까닭이 뭔지 알아? 이곳도 지중해성 기후를 띠는 곳이라 여름에는 뜨겁고 비가 거의 내리지 않지만, 겨울에는 따듯하고 비가 자주 내려. 그래서 비가 많이 내리는 겨울철에 지붕에 고이는 빗물을 모아 두었다가 물이 부족한 여름에 나누어 쓴대. 지붕이 물을 모으는 데 큰 도움을 주는 거야. 지붕은 물론 벽까지 온통 하얀 석회가 발라져 있는 것은 햇볕을 반사해서 집을 시원하게 하려는 뜻도 있지만, 물을 깨끗하게 모으기 위해서이기도 해. 석회는 먼지와 세균을 막는 데 도움이 되거든.

  어때? 지중해 연안의 집들이 단순히 멋만 부린 것이 아니라 기후를 극복하기 위한 지혜로 완성된 집들이라는 것, 이제 알겠지? 이렇게 지붕은 집의 겉모습을 결정짓는 데 큰 구실을 하지만, 기후를 극복하는 데 꽤 큰 몫을 한다는 것도 실감했을 거야.

하나 더!

자연이 만든 바위지붕, 카파도키아 동굴집

　사람 손을 빌리지 않고 자연이 스스로 만든 지붕도 있어. 터키의 아나톨리아 고원 한가운데에는 '카파도키아'라고 불리는 곳이 있거든. 이곳은 조각가들이 바위로 아름다운 조각 작품들을 만들어 전시해 놓은 조각 공원처럼 보이지만, 사실은 아주 오래 전에 화산이 폭발했던 곳이야. 뾰족뾰족하고 불쑥불쑥 솟아난 바위들이 어떤 것은 도토리나 버섯처럼 보이기도 하고, 어떤 것은 굵은 대나무 순 같아 보이기도 해. 또 어떤 것은 기다란 기둥 모양인데, 모두 아주 오래 전에 화산이 폭발했을 때 흘러나온 용암이 모래와 섞이고 그 위에 화산재가 층층이 쌓여 만들어진 것들이야.
　이 바위들을 찬찬히 살펴보면 여기저기 커다란 구멍이 나 있어. 언뜻 보면 화산재가 굳어지면서 저절로 생긴 구멍처럼 보이지만, 사람들이 바위 속을 드나들기 위해 만들어 놓은 출입문이야. 그러니까 카파도키아 바위에 뚫린 굴들은 우연히 생긴 동굴이 아니라 사람들이 살기 위해 공들여 만든 온전한 집인 거야. 구멍 안으로 들어가면 사람이 일상생활을 해도 좋을 만큼 넓은 공간이 펼쳐져. 덕분에 굴 위에 갖가지 신기한 모양

출입구로 뚫어 놓은 구멍들

카파도키아 동굴집

으로 솟아난 바위들은 사람 손을 빌리지 않고도 저절로 근사한 지붕이 되었어.

  로마가 기독교를 탄압하던 시절에 카파도키아 바위 지붕 동굴집에는 기독교를 믿는 사람들이 숨어 살았어. 요즘의 터키는 국민 대다수가 이슬람교를 믿는 이슬람 국가이지만, 서기 4세기 무렵에는 기독교를 믿는 나라였어. 서기 4세기 무렵 로마는 기독교를 국교로 정한 '밀라노 칙령(서기 313년, 로마 콘스탄티누스 황제가 신앙의 자유와 그리스도교의 권리를 보장한다고 발표한 포고령)'을 발표하기 전까지 기독교인들을 꼼짝 못하게 억눌렀거든. 로마에게 점령당한 터키도 마찬가지였지. 로마 군사들은 기독교인들을 겁주었을 뿐 아니라 목숨을 빼앗는 일도 서슴지 않았어. 두려움에 가슴 졸이면서도 신앙심을 버릴 수 없었던 기독교인들은 목숨을 지키기 위해 이곳 카파도키아로 모여들었대. 카파도키아

우아! 동굴이 집이 되다니!

에는 몸을 숨길 데가 많다고 생각한 거야. 또 카파도키아 바위산들은 용암과 화산재로 이루어진 바위들이라 속은 무르다는 것도 알고 있었어. 그래서 어렵지 않게 굴을 파고 그 속에 숨어 살 수 있겠다는 생각을 한 거지.

바위산을 뚫어 만든 동굴집은 어떨 것 같아? 어둡고 습기도 많으며 답답해서 당장이라도 뛰쳐나오고 싶을 거라고? 카파도키아 바위지붕 동굴집은 그렇지 않아. 동굴집은 곳곳에 구멍을 뚫어 공기와 햇빛이 드나들게 했고, 햇빛이 들어올 수 없는 곳에는 횃불을 밝힐 수 있도록 해 놓았대. 또 카파도키아는 무덥고 건조한 지역인데, 바위지붕 동굴집에는 적당한 습기가 있어서 더 살기 좋았을지도 몰라.

곳곳에 구멍을 뚫어 공기와 햇빛이 드나들게 했다.

 ## 나누고 접을 수 있는 천막 지붕, 게르와 티피

　우리는 사람들이 한곳에 오래 정착해 살기 위해서 집을 짓기 시작했다고 알고 있잖아? 그런데 한곳에 머물러 살기보다 여기저기로 옮겨 다니며 살기 좋도록 만들어진 집들도 있어. 가축이 먹을 물과 풀밭을 찾아 떠돌아다니며 사는 사람들, 유목민들의 집이 바로 그런 집이야.

　중앙아시아 고원 지대에서 살아가는 몽골 인들은 오랫동안 유목 생활을 해 온 사람들이야. 이들은 가축을 몰고 다니면서 가축이 먹을 만한 물과 풀밭을 찾아 떠돌아다니며 살기 때문에 한곳에 오래 머물러 살기 좋

몽골의 게르

게르를 만드는 과정과 내부

은 집보다 가지고 다니기 좋은 집이 필요해. 그래서 만든 것이 이동식 천막집 '게르'야. 중국어로는 '파오'라고 하는데, 가지고 다닐 수 있는 조립식 집이라고 이해해도 좋아. 그렇다면 이 게르의 지붕은 어떻게 생겼는지, 중앙아시아 고원 지대에서 유목 생활을 하는 몽골 인들 집을 한번 살펴볼까?

게르는 벽과 지붕이 모두 천막으로 뒤덮인 형태라 지붕만 떼어 말하기는 어려워. 굳이 나누자면 벽은 나지막한 원통형이고, 지붕은 가운데가 조금 솟아 있는 원뿔 모양이야. 지붕 모양이 그래야 바람이 거세게 부는 몽골 고원 기후를 잘 견딜 수 있거든. 지붕이 너무 높으면 바람을 견디기 어렵고, 그렇다고 너무 평평하면 비가 내릴 때 지붕 가운데에 물이 고이기 쉽잖아. 게르 안은 기둥을 두 개 세워 지붕을 받쳤어. 그래야 천장 가운데가 봉긋 올라가 바깥에서 보면 지붕이 나지막한 원뿔 모양이 되거든. 만약 천막 안 천장이 벽보다 높지 않다고 생각해 봐. 안이 무척 답답하게 느껴질 거야. 천막 안 공기도 잘 순환되지 않는 것은 물론이고 말이야.

천막은 계절에 따라 겨울에는 여러 겹 겹쳐 씌우기도 하고, 여름에는 천막 아래쪽을 말아 올려 바람이 통하게 할 수도 있어. 천장에는 공기가 통하도록 구멍을 내서 화로를 피울 때 연기가 빠져나갈 수 있고, 빛도 들어올 수 있게 했어. 천장 구멍으로 들어온 빛이 비치는 방향을 보고 하루 중 어느 때인지 짐작할 수도 있다니, 허술한 집으로 여기면 안 되겠지? 게르는 천막집이지만, 안에는 바둑판처럼 가로세로 일정한 사이를 두고

 엮은 나무가 뼈대 구실을 해서 우리가 생각하는 것보다 훨씬 튼튼해. 그렇지 않으면 바람이 많이 부는 몽골 고원 지대 기후를 견디기 어렵거든.
 나무 뼈대에 덮어씌우는 천막은 예전에는 주로 동물 가죽을 썼지만 요즈음에는 펠트를 많이 쓴대. 펠트는 짐승 가죽에 습기와 열기를 쐰 뒤 힘껏 눌러 만든 천이야. 이 천들을 나무 뼈대 위에 덮어씌운 뒤, 말의 갈기나 꼬리로 엮어 만든 끈으로 단단히 묶으면 바람이 많이 불어도 펄럭이거나 풀어지지 않아. 펠트 천이 발명되기 전에 동물 가죽을 덮어씌웠을 때도 마찬가지야. 몽골 고원은 여름이라도 아침저녁으로 온도 차이가 많이 나기 때문에 이런 집이 아니면 기후를 견디는 데 어려움이 많아.
 벽과 지붕에 덮어씌운 펠트는 모두 하얀색인데, 왜 그럴 거라고 생각해? 지중해 연안의 하얀 돌집들이 뜨거운 햇볕을 반사시켜 준다고 했던 걸 기억한다면 쉽게 그 답을 말할 수 있을 거야. 바람을 막는 데는 색깔이 별다른 영향을 주지 않지만, 굳이 하얀색 펠트를 덮어씌우는 것은 더운 여름철에 뜨거운 햇볕을 반사시켜 조금이라도 시원하게 하기 위해서야. 펠트는 거센 바람을 잘 견디기도 하지만, 물에 젖더라도 빨리 마르기 때문에 비나 눈이 내려도 큰 걱정이 없어.
 몽골 인들처럼 천막집을 짓고 사는 사람들은 중앙아시아 키르기스스탄에도 있어. 이들도 이동식 목축 생활을 하는데, 이들이 짓는 천막집은 '유르트'라고 불러. 이름을 달리 부르기는 하지만, 사실 만드는 방법과 재료는 게르와 크게 다르지 않아.

키르기스스탄의 천막집, 유르트

중앙아시아뿐 아니라 북아메리카에 사는 인디언들도 천막을 치고 살았어. 이들도 이리저리 옮겨 다니는 들소 떼를 사냥해서 사는 사람들이라 한곳에 오래 머물러 살지 않아. 그래서 한곳에서 머물러 살기 좋은 집보다 가지고 다니기 좋은 집이 더 필요했지. 이들이 긴 막대기에 가죽을 씌워 만든 천막집을 '티피'라고 부르는데, 여러 개의 나무 버팀목 위에 소가죽을 씌우고 팽팽히 잡아당겨 만들었어. 완성된 모습은 깔때기를 거꾸로 세워 놓은 듯한 모양이라 벽과 지붕을 따로 떼어 나눌 수 없어. 굳이 따로 떼어 설명하자면 원뿔 모양 지붕이라고 할 수 있지. 티피 꼭대기는 공간을 터서 연기가 빠져나갈 수 있게 하고, 밑부분에는 사람이 드나들 수 있게 했어.

지금은 티피를 잘 볼 수 없어 아쉽네.

이뿐이 아냐. 아라비아나 리비아, 이라크, 이란, 요르단 등의 사막에 사는 베두인족도 천막집을 짓고 살아. 이들도 낙타나 염소, 양 같은 가축을 기르며 사는 유목민이거든. 그런데 베두인족이 짓는 천막집은 몽골 유목민들의 게르보다 훨씬 더 단순하고 간단하게 지을 수 있다는 점이 좀 달라. 북아메리카 인디언들이 짓는 티피처럼 기다란 나무로 기둥을 세운 뒤 동물 가죽을 씌우는 게 다거든. 또 하나 다른 게 있다면 천막이 검은색이라는 것과 벽과 지붕 경계를 나눌 수 없다는 점이지. 베두인족의 검은 천막집은 낮에는 천막을 말아 올려 시원하게 하고, 밤이 되면 낮에 말아 올렸던 천막을 내려뜨려 온도를 조절할 수 있어. 그래서 이동식

북아메리카 인디언들의 천막집, 티피

베두인족의 천막집

목축 생활로 생계를 잇고 있는 유목민들은 요즈음도 주로 천막집을 짓고 살아.

동물 가죽과 약간의 나무만으로 조립과 분해가 쉽고, 추위와 더위 그리고 바람을 견뎌 내는 집을 짓다니, 유목민들의 지혜가 정말 놀랍지?

 ## 흙 기와지붕, 토루

　중국에는 지붕이 마치 거대한 도넛처럼 생긴 공동 주택도 있어. 적게는 수십 명에서 많게는 수백 명에 이르는 사람들이 한 지붕 아래 모여 살 수 있도록 지은 것인데, '토루(土樓)'라고 불러. 여러 가족이 건물 한 채에 모여 사는 집이니까, 말하자면 오늘날의 아파트 같은 집이야. 하지만 우리가 알고 있는 아파트와는 겉모습이 전혀 달라. 마치 성벽을 두껍게 쌓고 성벽 맨 위에 지붕을 얹은 것처럼 생겼어. 건물을 짓는 방법은 물론, 집 안 공간을 구성하는 방법이 세계 어느 나라에서도 그 예를 찾아보기 힘들 만큼 독특해서 2008년에 유네스코 세계문화유산으로 지정되기도 했어.
　토루는 흙집이라는 뜻이지만, 그렇다고 해서 건물 전체가 흙으로만 이

중국 푸젠 성에 있는 토루

푸젠 성의 토루들

루어진 것은 아니야. 겉은 두터운 흙벽이지만 안쪽은 모두 나무로만 이루어졌어. 그러니까 정확하게 말하면 흙과 나무가 함께 쓰인 건축물이지. 갖가지 모양의 두꺼운 흙벽 위에 검은 기와를 얹은 형태인데, 위에서 내려다보면 마치 여러 가지 모양의 거대한 도넛들이 땅 위에 놓여 있는 것처럼 보여. 그래서 도저히 보통 사람들이 일상생활을 누리는 집처럼 보이지 않아. 중국 남동쪽, 대만을 마주하고 있는 해안가 푸젠 성(福建省)이란 곳에는 약 3천 개 정도의 토루가 모여 있는데, 거대하고 독특한 모양의 지붕을 얹은 건물들이 삼삼오오 빼곡하게 모여 있는 게, 마치 군사 시설처럼 보여서 미사일 기지로 오해를 받은 적도 있대.

　모양은 참 독특하지만 사실 토루 지붕은 중국 건축에서 가장 흔하게 쓰이는 형태, 경사 지붕이야. 지붕에 얹은 기와도 여느 기와처럼 흙으로 빚어 불에 구워 낸 것이야. 그런데도 지붕이 매우 독특하게 보이는 까닭은 요새처럼 두껍고 높게 쌓은 여러 가지 모양의 흙벽 위에 얹어져 있기 때문이야. 벽 높이는 2층에서 5층까지 미치는 것도 있는데, 안쪽은 일상생활에 필요한 공간이 짜임새 있게 이루어져 있어. 벽 형태는 대부분 원형이지만, 직사각형이나 오각형을 띤 것도 있고 팔각형이나 반원형인 것도 있어. 이렇게 갖가지 모양의 벽 위에 얇은 기와를 여러 겹 촘촘히 얹었으니 지붕이 독특해 보일 수밖에.

기와를 촘촘하게 여러 겹 경사지게 얹은 까닭은 푸젠 성을 비롯해 토루가 모여 있는 지역이 비가 많이 내리는 기후를 띠기 때문이야. 지붕을 얇고 허술하게 만들면 자칫 비가 샐 수도 있잖아. 토루 바깥벽은 고운 모래와 석회, 그리고 진흙을 반죽한 것으로, 마당을 크게 에워싸는 형태야. 벽 맨 꼭대기에는 기와를 올려 지붕을 만들고, 처마를 널찍하고 깊게 두었어. 비가 안으로 들이치지 않게 하기 위해서야. 깊은 처마는 여름이면 뜨거운 햇빛이 집 안으로 들어오는 걸 막아 주고, 겨울에는 양지바른 처마 밑에 머물며 따뜻해진 공기가 위로 흩어지지 않고 오래 머무르게 하는 구실도 한대.

그런데 조금 이상하지 않니? 토루는 수십에서 수백 명이 한 지붕 아래 모여 사는 공동 주택이라고 했잖아. 지금처럼 인구 밀도가 높지 않을 때에 집 지을 땅이 부족하지도 않은 나라에서 왜 그렇게 많은 사람들이 복잡하게 굳이 한 건물에 모여 살았을까? 그리고 왜 그렇게 독특한 형태로 집을 지었는지 말이야.

토루에 모여 사는 사람들을 '객가인(客家人)' 또는 '객가족(客家族)'이라고 불러. '객가인'은 '고향을 떠나 다른 곳에 사는 사람들'이라는 뜻으로, 객가인들 스스로가 붙인 이름이래. 이 사람들도 원래는 중국의 중심 민

침입을 막고자 창문을 높이 달고 출입문을 1개 만들었다.

족, 한족(漢族)이었어. 그런데 서기 3세기 무렵, 세력이 커진 북방 유목민들의 침입을 받아 이곳으로 옮겨와 뿌리를 내리고 모여 살기 시작한 거야. 이들이 모여 살던 집이 토루와 같은 형태가 되기까지는 그로부터 몇 세기가 지난 뒤인 약 12세기 무렵부터래. 독특한 모양의 집을 짓고 모여 산 이유는 무리를 지어 다니면서 살인과 약탈을 일삼는 비적들로부터 자신들을 지키기 위해서였어. 원래 살던 고향을 떠나 모든 게 낯선 곳에서 살아야 하니까, 따로따로 흩어져 서로 다른 집을 짓고 살기보다는 모두 한곳에 모여 커다란 집을 짓고 서로가 서로를 의지하며 살면 좋겠다고 생각한 거지. 집을 지을 때도 혹시라도 누군가가 몰래 숨어들어 자신들을 해치지 못하도록 요새처럼 만들었고 말이야. 건물 안쪽에는 마당이 있는

데 모든 가구가 함께 쓸 수 있어. 수십에서 수백 가구가 함께 사는 건물인데도 출입구는 단 하나야. 바깥으로 난 창문도 1층에는 만들지 않고 2층부터 만들었기 때문에 출입문을 닫아걸면 안으로 들어갈 방법이 없어. 그러니 토루에 살지 않는 사람이 안으로 몰래 들어갈 수 있겠어?

토루 겉모습은 벽과 창문, 그리고 기와지붕 말고 특별한 장식이 없기 때문에 무척 단순해 보여. 하지만 안쪽은 한옥처럼 못을 전혀 쓰지 않고 나무를 짜 맞추어 지었대. 마당 곳곳에는 우물이 있어서 혹시 전쟁이 나더라도 먹을 물이 떨어질 염려가 없었어. 벽은 아래쪽은 두껍고 위로 갈수록 얇고 가볍게 쌓았는데, 지진이 일어나더라도 견딜 수 있도록 하기 위해서래. 또 벽이 둥근 토루가 많은 건 바람이 거세게 불더라도 바람이 벽을 돌아 나가도록 하기 위해서야.

토루 안쪽은 나무를 짜 맞추어 만들었다.

이런 건축물들은 기단부터 지붕까지 어느 한 곳도
소홀히 지어진 곳이 없지만, 특히 지붕에 큰 의미를 두고
정성을 기울였어. 건축물에서 제일 눈에 잘 띄는 곳인 만큼
담고자 하는 소망이 가장 잘 드러나도록
마음을 기울였기 때문이야.

2장 힘을 뽐낸 세계의 문화재

 ## 침략자도 감동시킨 돔, 아야 소피아 성당

지금까지는 기후나 환경에 따라 지붕 형태가 어떻게 달라지고, 어떤 도움을 주는지 알아봤잖아? 이제는 권력을 뽐내거나 신에게 좀 더 가까이 다가가고 싶어 했던 사람들의 소망이 이뤄 낸 지붕 얘기를 하려고 해. 기후나 환경에 걸맞게 지어진 집들은 웅장한 크기를 자랑하거나 화려함을 뽐내는 경우가 많지 않아. 하지만 사람들의 소망이 낳은 건축물들은 혀가 내둘러질 정도의 웅장함을 뽐내기도 하고, 지나치다 싶을 정도로 화려하

아야 소피아 성당

기도 하지. 또 오래 보존될 수 있는 재료로 지극한 정성을 들여 짓는 경우가 많아서 기념비적인 건축물로 손꼽히는 경우도 많아. 이런 건축물들은 기단부터 지붕까지 어느 한 곳도 소홀히 지어진 곳이 없지만, 특히 지붕에 큰 의미를 두고 정성을 기울였어. 건축물에서 제일 눈에 잘 띄는 곳인 만큼 소망이 가장 잘 드러나도록 마음을 기울였기 때문이야.

이제 우리가 살펴볼 비잔틴 건축(동로마 제국과 그 세력권 지역에서 일어났던 건축 양식)의 걸작, '아야 소피아 성당'도 훌륭한 건축물로 손꼽히는 데 지붕이 제일 큰 역할을 했어. 건축의 역사를 바꿔 놓았다는 찬사를 받을 만큼 대단한 지붕이야. 대체 어떤 지붕인지, 아야 소피아 성당이 있는 터키로 가 볼래?

아시아 대륙 서쪽 끝에 있는 터키는 사람들 대부분이 이슬람교를 믿는 나라야. 그런데 터키에서 제일 큰 도시, 이스탄불에 이슬람 국가의 대표적인 상징물이라고 믿기에는 고개가 갸웃해지는 건축물이 있어. 로켓 모양 첨탑을 네 가장자리에 둔 거대한 돔 건축물로, 바로 '아야 소피아 성당'이야. '아야 소피아'는 그리스 말로 '거룩한 지혜'라는 뜻이래. 이 건축물은 처음에는 기독교 성당으로 지어졌어. 아야 소피아 성당이 맨 처음 지어진 때는 서기 360년, 콘스탄티누스 2세 때야. 하지만 화재가 두 번이나 일어나서 처음 지었을 때 모습은 모두 사라져 버렸어. 지금의 아야 소피아 성당은 서기 537년에 유스티아누스 황제가 다시 지은 거야.

아야 소피아 성당 지붕은 여러 개의 작은 원형 지붕들이 지름이 33미터나 되는 거대한 돔 지붕을 겹겹이 둘러싸고 있는 형태야. 건물 한가운데의 거대한 원형 지붕은 네모난 건물 벽 위에 얹어져 있어. 그런데 네모난 건물 위에 거대한 원형 지붕을 얹는 일이 그 시절로써는 얼마나 어려운

중앙 돔 ❶ 돔 지붕 안쪽 모습 ❷

일이었는지 몰라. 아야 소피아 성당보다 앞선 서기 2세기, 하드리아누스 황제 때 지어진 로마의 판테온 신전은 원형 벽 위에 원형 지붕을 얹은 형태야. 원형 건물 위에 원형 지붕을 얹는 일은 사각형 건물 위에 원형 지붕을 얹는 일만큼 힘든 일은 아니었대. 아래 건물과 전혀 다른 형태의 지붕을 얹는 일은 매우 까다롭고 높은 기술이 필요한데, 아야 소피아 성당 건축가들이 그 일을 해낸 거야. 그 비법이 뭐였는지 알아? 비법은 지붕 아래 받친 삼각형 지지대에 있어. 이 삼각형 지지대는 펜덴티브라고 부르는데, 아야 소피아 성당을 건축한 기술자들이 사각형 건물이 원형 지붕 무게를 지탱할 수 있도록 만든 발명품이야. 이 펜덴티브 덕분에 아야 소피아 성당은 건축 역사상 처음으로 사각형 건물 위에 원형 지붕을 얹은 건축물이라는 명성을 얻었어. 이것은 아야 소피아 성당을 지을 무렵 비잔틴 제국이

원형 지붕을 지탱하는 삼각형 지지대, 펜덴티브

돔 지붕 아래 안쪽 벽에 아치형 창을 만들어 돔 무게를 분산시켰다.

이룩한 비잔틴 문명이 얼마나 앞섰는지를 보여 줘. 높은 수준의 물리, 수학, 기하학(점, 직선, 곡선, 면, 부피 사이의 관계를 연구하는 수학 분야)이 뒷받침된 기술이 없었다면 불가능한 일이거든. 이 기술은 천 년 가까이 비잔틴 건축뿐 아니라 다른 서양 건축물에도 이용되었는데, 비잔틴 제국이 지닌 힘이 그만큼 영향력 있었다는 뜻으로도 풀이할 수 있어.

 아야 소피아 성당 건축가들은 돔 무게를 줄이기 위해서 삼각형 지지대와 만나는 안쪽 벽에 아치형 창을 뚫어 돔 무게가 한 곳에만 몰리지 않고 여러 갈래로 나뉘어 아래로 전달되도록 하는 꾀도 생각해 냈어. 그래서 아야 소피아 성당 안에서 위쪽을 올려다보면 하늘이 성당을 덮고 있는 지붕 같다는 착각이 들 정도야. 돔 지붕 바로 아래쪽에 뚫린 창문들에서 빛이 마음껏 쏟아져 들어오기 때문이지.

 성당 안쪽 벽에는 비잔틴 예술의 세련미를 보여 주는 조각들이 모자이크로 수놓아져 웅장함에 우아함까지 더해졌어. 그렇지만 그동안 많은 시련을 겪으면서 그 아름다움이 많이 훼손되었대. 성당이 완공된 지 22년 후에는 지진 때문에 돔이 무너져 다시 세우기도 했고, 기독교 세계에서 성상 파괴 운동(8~9세기에 그리스도와 성모의 그림이나 동상을 우러르지 못

석회를 걷어내고 발견한 모자이크

아야 소피아 성당 복도

하게 하고 이를 파괴한 운동)이 벌어졌을 때는 성당 안에 장식되었던 많은 모자이크들이 파괴되기도 했어. 또 이스탄불이 오스만 제국(오스만 튀르크. 14세기부터 터키 공화국이 수립될 때까지 발전했던 나라) 지배를 받았을 때는 이슬람 사원이 되어 쓰임이 바뀌기도 했지. 처음 지어졌을 때는 없었던 네 개의 로켓 모양 첨탑이 덧붙여진 것도 바로 이때야. 오스만 제국은 이슬람을 받드는 나라였는데도 아야 소피아 성당을 파괴하지 않고 이슬람 사원으로 사용했어. 아야 소피아 성당의 아름다움에 매료되었기 때문이지. 다만 성당을 장식한 모자이크에는 석회로 덧칠을 해 놓았어. 이슬람 세계에서는 살아 있는 존재를 그림이나 조각으로 나타내는 것을 매우 엄하게 금지하거든. 석회 속에 가려진 모자이크는 1923년에 터키 공화국이 세워졌을 때 박물관으로 바뀌어 운영되면서 다시 모습을 드러냈어. 하지만 원래 지녔던 아름다움을 온전히 되찾지는 못했어. 그래도 건축의 역사를 뒤바꾼 대단한 지붕을 얹은 위대한 건축물임에는 변함이 없어.

무덤에 올라간 왕관 지붕, 타지마할

인도의 아그라라는 도시에는 지붕이 거대한 왕관처럼 생긴 건축물이 있어. 그 건축물은 '타지마할'이라고 불리는데, 혹시 들어 본 적 있니? 이 건축물은 인도가 이슬람 세계였던 시절, 무굴 왕조의 건축 기술이 얼마나 빼어났는지를 보여 주는 훌륭한 건축물이야. 그런데 이 건축물은 지붕이 거대한 왕관 모양 돔이라서 화려한 궁전처럼 보이지만 사실은 무덤이야. 무덤 주인은 누구일 것 같아?

타지마할의 주인은 인도 무굴 왕조의 다섯 번째 황제, 샤 자한이 끔찍이도 사랑했던 뭄타즈 마할 왕비야. 샤 자한 황제는 왕비를 몹시 사랑해서 군대 행군이나 싸움터에 나갈 때조차 왕비를 데리고 다녔대. 그런데

타지마할

뭄타즈 마할 왕비와 샤 자한 황제

황제가 멀리 데칸 고원 부근으로 적을 무찌르러 간 어느 날이었어. 싸움이 한창일 때 왕비가 아이를 낳다가 그만 숨을 거뒀지 뭐야. 슬픔에 빠진 황제는 왕비에게 아름다운 무덤을 지어 주기로 다짐해. 왕비가 죽기 전에는 스스로를 '샤 자한(세계의 왕)'이라고 이름 붙일 만큼 영토 넓히는 일에 욕심을 부렸던 황제야. 그런데 왕비가 세상을 떠난 뒤로는 무덤을 만드는 일에만 온 마음을 쏟았대. 세계 여러 나라에서 기술자들을 불러오고, 공사 기간 동안 매일 2만여 명의 일꾼을 부리고, 건축에 쓰일 재료를

샤 자한과 뭄타즈 마할의 무덤

나르는 일에는 코끼리 힘도 빌렸다지. 건물에는 빛나는 대리석을 붙이고 갖가지 값진 보석으로 장식했어. 받침돌 귀퉁이에는 네 개의 첨탑을 세웠는데, 바깥쪽으로 기울도록 설계해서 지진이 나더라도 왕비가 누워 있는 묘실 쪽으로 무너지지 않도록 하는 세심한 배려도 잊지 않게 했대. 건물 네 둘레에는 수로가 있는 정원을 두르고 곳곳에 샘도 만들었지.

그렇지만 뭐니 뭐니 해도 타지마할에서 가장 두드러져 보이는 곳은 건축물 한가운데 얹은 왕관 모양 지붕이야. 돔 형태 지붕을 올린 것은 타지마할을 짓던 그때에 무굴 왕조가 이슬람 세계였던 것과 무관하지 않아. 로마에서 처음 비롯되어 비잔틴 건축에서 꽃피운 돔 지붕은 이슬람 세계

왕관 모양 돔 지붕

에서도 좋게 여겨 받아들인 양식이거든.

타지마할의 돔 지붕은 바깥지름이 30미터, 높이는 27미터나 되지만 안은 텅 비어 있어. 순전히 밖에서 아름답게 보이기 위해서 만든 지붕인 거지. 하지만 지붕 겉면에는 11,000톤이나 되는 대리석이, 그것도 둥근 면에 뒤덮여 있어. 단단한 대리석을 둥근 면에 붙이는 일은 여간 어려운 일이 아니래. 그런데 대리석에 문양을 새기고 그것을 건축물에 붙인 걸 보면, 무굴 왕국의 건축술이 얼마나 뛰어났는지 짐작할 수 있어.

타지마할에는 한가운데의 왕관 모양 지붕 말고도 건물 모퉁이에 그보다 훨씬 작은 네 개의 첨탑 지붕이 있어. 또 거대한 받침돌 네 모퉁이에도 첨탑 지붕이 세워져 있으니까 타지마할에는 모두 9개의 지붕이 있는 셈이야. 이 크고 작은 9개의 지붕들은 좌우가 짝을 이루며 마치 하나인 것처럼 어우러져 보이는데, 이것이 바로 타지마할이 무덤이면서 무덤 같지 않고, 아름다운 건축물로 칭찬받는 이유야.

그렇지만 말이야. 아무리 힘센 나라의 왕비라지만 무덤을 짓는 데 그렇게 어마어마한 돈을 들였다면 백성들은 어떻게 생각했을까?

실제로 백성들은 샤 자한 황제가 백성보다 자기 자신을 더 생각하는 이기적인 황

외벽에 새겨진 코란

대리석으로 화려하게 꾸며진 타지마할

타지마할 내부

제라고 불평하는 사람들이 많았대. 그래서 샤 자한 황제는 권력을 빼앗기고 말아. 그리고 그렇게 공들여 만든 타지마할에는 가 보지도 못하고, 숨을 거두는 날까지 타지마할 건너편에 있는 아그라포트 성에 갇혀 지냈대. 혹시 무굴 왕조의 빼어난 건축술을 자랑하는 타지마할에 가 볼 기회가 생기면, 그토록 아름다운 건축물이 탄생하기까지 얼마나 많은 값을 치러야 했는지도 떠올리면 좋겠어.

결국 샤 자한 황제는 타지마할에 가 보지도 못했다니….

 ## 높고 뾰족한 첨탑 지붕, 샤르트르 대성당

중세 시절, 유럽은 기독교가 지배적이었어. 그래서 특히 성당을 지을 때 하늘을 찌를 듯 높고 길게 세우려 했어. 그렇게 해야 조금이라도 더 신에게 가까이 다가갈 수 있다고 믿었기 때문이지. 고딕 건축 양식은 그런 바람이 이뤄 낸 서양 건축의 한 갈래야. 이제 우리가 살펴볼 성당도 하늘을 찌를 듯이 높고 긴 두 개의 첨탑 지붕을 얹은 고딕 양식 건축물인데, 지붕이 얼마나 높고 긴지, 한번 볼래?

프랑스 수도 파리에서 남서쪽으로 약 90킬로미터 떨어진 곳에는 샤르

샤르트르 대성당

트르라고 불리는 작은 마을이 있어. 이곳은 고대부터 중세까지 프랑스 상업 중심지로 상인과 장인 들이 매우 활발하게 드나들던 곳이야. 12세기에는 서양 철학에서 중요한 위치를 차지하는 스콜라 철학(기독교 신앙을 체계적으로 정리하고 이성으로 증명하고 이해하려 했던 중세 철학)의 샤르트르 학파(프랑스 샤르트르 지방의 여러 학교를 중심으로 일어난 중세 스콜라 철학 사상의 한 갈래)가 생겨났을 뿐 아니라, 제2차 십자군(서유럽 기독교도가 이슬람교도에게 점령당한 성지, 예루살렘을 탈환하기 위해 11세기 말부터 13세기 후반에 걸쳐 여덟 번이나 일으킨 군대)을 일으킨 곳이기도 해. 그래서 이곳 샤르트르에는 중요한 중세 유산들이 많이 남아 있는데, 그중에서도 으뜸으로 꼽히는 것이 '샤르트르 대성당'이야. 이 성당은 아름다운 약 2천 개의 조각상과 스테인드글라스 장미창이 있는 곳으로도 이름 나 있어. 하지만 그보다 성모 마리아가 예수를 낳을 때 입었다는 옷, 튜닉이 보관되어 있어서 프랑스 인뿐 아니라 세계 여러 나라 사람들이 몹시 귀하게 여기는 곳이기도 해. 또 가장 빼어난 고딕 양식의 건축물로 인정받는데, 하늘을 향해 뾰족하게 솟아 있는 첨탑 지붕 덕분이야.

샤르트르 대성당을 높은 곳에서 내려다보면 높이가 서로 다른 두 개

샤르트르 대성당에 보관된 성모 마리아의 튜닉 ❶   두 개의 첨탑 사이에 있는 십자가 형 지붕 ❷

의 첨탑 사이로 책을 펼쳐 엎어 놓은 듯한 파란색 나무 박공 지붕이 십자가 모양으로 길게 누워 있는 모양이야. 첨탑은 길이가 무려 100미터가 넘어. 신이 사람에게 계시를 주는 듯한 느낌을 주기 위해서, 하늘을 향해 곧게 솟아오른 첨탑이 십자가 지붕을 배경으로 서 있도록 했다고 해. 또 샤르트르 대성당 지붕에는 가늘고 기다란 창문이 커다랗게 많이 나 있는데, 빛을 안으로 비쳐 들게 해서 신이 성당 안팎을 넘나드는 것처럼 하기 위해서였대. 유리창은 스테인드글라스로 장식해서 신비로움을 더했어. 고딕 건축 양식은 이렇게 '지붕은 높고 길게, 빛은 더 많이, 공간은 더 넓게' 하길 바랐어. 그래서 고딕 건축물들은 웅장하면서도 섬세한 조각 같은 느낌이 나.

길이와 건축 양식이 다른 샤르트르 대성당의 두 개의 첨탑

샤르트르 대성당을 밖에서 바라봤을 때 가장 돋보이는 곳은 하늘을 향해 뾰족하게 솟아오른 두 개의 첨탑이야. 이 첨탑은 언뜻 보기에도 짝짝이처럼 서로 모양이 달라. 정면에서 봤을 때 왼쪽 것이 더 높고, 오른쪽 탑은 왼쪽보다 낮고 매끈한 모양을 하고 있어. 같은 모양으로 했다면 두 개의 탑이 서로 대칭을 이루면서 안정감 있고 조화롭게 보였을 텐데, 왜 이렇게 짝짝이처럼 만들었을까? 그건 두 개의 첨탑이 각각 서로 다른 시기에, 다른 건축 양식으로 만들어졌기 때문이야. 샤르트르 대성당은 9세기에 처음 지어졌지만 이후 몇 차례 화재가 나서 고쳐 짓고 다시 짓기를 반복해. 그러는 사이 오른쪽 낮은 첨탑 건물은 로마네스크 양식으로, 왼쪽 높은 첨탑 건물은 고딕 양식으로 세워졌어. 오늘날과 같은 모습으로 완성된 때는 1220년, 13세기야.

고딕 건축 양식보다 앞서 일어난 로마네스크 건축 양식을 따른 건축물들은 두꺼운 벽과 둥근 아치, 그리고 튼튼한 기둥을 특징으로 한 무겁고 곡선적인 형태를 좇았어. 그런데 고딕 양식을 따른 건축물들은 뾰족한 첨탑 지붕과 끝이 뾰족한 아치, 그리고 얇은 벽이 두드러져. 얇은 벽이 무거운 천장과 지붕을 지탱한다니, 어떻게 가능했을까? 고딕 양식의 건축물들은 건물 바깥쪽에 버팀벽(플라잉 버트레스)을 붙이는 방법으로 이 어려

건물 바깥쪽에 버팀벽을 만들어 지붕 무게를 견뎠다.

샤르트르 대성당 조각 ❶ 스테인드글라스 장미창 ❷

움을 극복해 냈어. 이 버팀벽 덕분에 고딕 건축물들은 벽을 두껍게 하지 않고도 지붕 무게를 거뜬히 견딜 수 있게 되었어. 고딕 건축 양식의 걸작으로 불리는 샤르트르 대성당도 마찬가지야. 로마네스크 양식을 따른 이전의 다른 건축물들은 벽을 얇게 하면서 웅장한 지붕을 버틸 수 있는 방법을 몰랐기 때문에 건물 벽에 창문을 낼 수가 없었어. 그런데 고딕 양식 건축물들이 버팀벽을 생각해 내면서부터 얇은 벽으로도 높고 웅장한 첨탑 지붕을 견딜 수 있고, 건물 벽에 커다란 창문을 낼 수도 있게 돼. 샤르트르 대성당도 이 버팀벽 덕분에 아름다운 스테인드글라스를 붙인 창이 만들어질 수 있었어. 샤르트르 대성당에는 아주 작은 부분까지 섬세하게 조각된 장식이 2천 개 정도, 스테인드글라스를 붙인 창은 무려 170여 개에 이른대. 특히 성모 마리아를 상징하는 세 개의 장미창은 성당 안으로 햇빛이 신비롭게 비쳐 들어오도록 해서 보는 사람들에게 이루 말할 수 없는 감동을 줘. 만일 버팀벽이 발명되지 않았다면 길고, 높고, 뾰족한 첨탑 지붕으로 신의 위엄을 뽐내려 했던 중세 유럽의 고딕 양식 건축물들은 존재하지 못했을지 몰라.

뾰족하게 우뚝 선, 쾰른 대성당

쾰른 대성당

독일 쾰른 시에 있는 쾰른 대성당도 고딕 건축 양식으로 지어진 훌륭한 건축물이야. 쾰른 대성당은 로마 바티칸 시국에 있는 성 베드로 대성당, 영국의 세인트 폴 대성당과 함께 유럽 3대 성당으로 손꼽혀. 아기 예수의 탄생을 축복해 준 동방 박사 세 사람의 유골이 보관되어 있는 곳으로도 이름 나 있지만, 설계에서 완공까지 무려 600여 년이나 걸린 것으로도 유명해. 그러니까 쾰른 대성당은 중세 시대의 건축가가 설계하고 근대의 건축 기술자가 완성한 건축물인 셈이지. 그야말로 여러 세대의 정신과 노력이 오롯이 담긴 건축물이야.

고딕 양식으로 지어진 건축물들은 지붕 모양이 하늘을 찌를 듯 높고 뾰족한 게 특징이잖아? 쾰른 대성당에도 하늘을 향해 뾰족하게 우뚝 선 두 개의 첨탑이 있어. 탑 길이는 두 개 모두 160여 미터에 이르는데, 파리에 에펠탑이 세워지기 전까지 세계에서 가장 높은 탑이었대. 탑이 워낙 높아서 대성당의 중심이 되는 본체 건물이 마치 두 개의 탑에 딸린 건물 같은 느낌을 줄 정도야.

위에서 내려다본 쾰른 대성당 지붕　　　　쾰른 대성당 안 아치형 천장

　성당 안쪽 천장은 바닥에서부터 높이가 42미터나 돼. 그래서 쾰른 대성당은 높은 아치형 천장은 물론 아름다운 스테인드글라스 창까지, 고딕 양식의 건축물이 지닌 특징을 잘 보여 준다는 평을 받아. 하지만 쾰른 대성당은 다른 고딕 건축물들과는 다른 점이 있어. 대표적인 고딕 건축 성당인 프랑스의 아미앵 대성당과 영국의 랭스 대성당을 본보기로 지어졌으면서도, 프랑스와 영국의 고딕 양식에 비하면 조각이나 장식이 많지 않고 단순하고 간결하거든. 앞에서 살펴본 샤르트르 대성당의 영향을 받았으면서도 샤르트르 대성당이 지닌 화려하고 신비로운 느낌을 그대로 좇기보다 단순함과 웅장함을 드러냈대. 단순함과 간결함은 쾰른 대성당으로 대표되는 독일 고딕 건축 양식의 특징이야.

 다섯 개의 돌탑 지붕, 앙코르 와트

이번엔 솔방울 모양 돌탑 지붕을 얹고 있는 건축물을 이야기해 볼까? 이 건축물은 훌륭한 힌두교 건축물을 이야기할 때 제일 먼저 손꼽혀. 건축물이 있는 곳은 아시아의 인도차이나 반도 남서쪽에 있는 캄보디아야. 사람들 대부분이 불교를 믿고 불교 가르침에 따라 생활하기 때문에 나라 곳곳에 불교 사원도 많이 건축되었어. 나라 안 교육과 문화 활동도 불교 사원을 중심으로 이루어지는 일이 많아서 캄보디아와 불교는 서로 떼어 놓고 생각할 수 없을 정도야.

앙코르 와트

솔방울 모양 돌 지붕을 얹은 앙코르 와트

그런데 참 이상하지? 그런 캄보디아가 자랑스럽게 생각하는 문화재는 불교 사찰이 아니라 힌두교 사원, '앙코르 와트'거든. 이 앙코르 와트 지붕이 바로 이제부터 우리가 알아볼 돌로 만들어진 솔방울 모양 지붕이야. 캄보디아가 앙코르 와트를 자랑스럽게 생각하는 까닭은 사실 매우 단순해. 앙코르 와트가 전 세계에서 가장 큰 종교 건축물이기 때문이야. 기독교 건축물 중에서 제일 큰 것으로 손꼽히는 로마의 성 베드로 대성당보다도 크고, 크기만으로 따지면 전 세계를 통틀어 이곳을 넘어설 수 있는 건축물은 중국의 만리장성뿐이거든.

그렇다고 우리가 앙코르 와트 지붕을 살펴보려고 하는 까닭이 크기 때문만은 아니야. 앙코르 와트는 받침돌부터 솔방울 모양 지붕까지 온통 돌로만 만들어진 것도 독특하지만, 지붕을 덮는 방식이 다른 어느 나라

벽돌을 조금씩 어긋나게 내어 쌓는 방식으로 아치형 지붕을 만들었다.

에서도 찾아보기 힘들어. 앙코르 와트 사진을 한번 볼래? 한눈에 보기에도 유럽의 종교 건축물들과 많이 달라 보이지? 똑같이 돌을 주재료로 해서 만들어졌는데도 말이야. 유럽의 종교 건축물들은 하나의 지붕이 건축물 전체 공간을 덮는 방식으로 지어졌어. 그런데 앙코르 와트는 높이가 가장 높은 중앙 탑을 중심으로 동서남북으로 작은 방들이 있고, 그 방들을 연결해 주는 복도 위로 지붕이 덮여 있어. 어렸을 때 블록 쌓기 놀이 많이 해 봤지? 그렇다면 바닥에 블록을 한 개 놓고, 다음 블록은 아래 것보다 조금 앞으로 살짝 내어 쌓는 놀이도 해 봤을 거야. 앙코르 와트는 그렇게 벽돌을 하나씩 내어 쌓는 방식으로 아치를 만들어 지붕 천장을 덮었어. 이렇게 벽돌을 쌓아 아치를 만드는 방법은 언제 무너질지

방들을 연결해 주는 복도 위로 지붕이 있다.

모르는 위험한 방식이라 유럽의 기술자들도 '저렇게 벽돌을 쌓았는데 어떻게 무너지지 않을까?' 하고 고개를 갸웃거린대. 이음매가 보이지 않게 벽돌을 조금씩 내어 쌓는 방법은 빼어난 건축술을 자랑하는 유럽에서도 써 보지 못한 방법이거든. 앙코르 와트에 대해서 유럽의 기술자뿐 아니라 전 세계인이 관심을 갖는 건 앙코르 와트가 크고 오래된 건축물이기도 하지만, 그것보다는 다른 나라에서 볼 수 없는 고유하고 독특한 양식을 지니고 있기 때문이야. 거기에 기념비적인 종교 건축물 중에서 드물게 손꼽히는 힌두교 사원이라는 점도 지나칠 수 없는 점이지. 그렇다면 앙코르 와트는 종교적으로 어떤 의미가 있는지, 또 누가 왜 지었는지 알아보는 게 좋겠지?

앙코르 와트는 12세기 초, 크메르 제국(9~15세기 동남아시아에 있었던 왕국으로, 오늘날의 캄보디아) 시대에 건설되었어. 크메르 제국 왕들은 살아 있는 동안 자신과 하나가 될 신의 사원을 건축하는 풍습이 있었대. 왕과 왕족이 죽으면 그가 믿던 신과 하나가 된다는 믿음이 있었기 때문이야. 크메르 제국 역사상 가장 힘센 나라로 만들었던 수리야바르만 2세는 14살 때 왕이었던 큰아버지를 죽이고 왕위에 오른 사람이야. 왕이 된 방법이 자랑스럽지 못했던 만큼 수리야바르만 2세는 자신을 반대하는 무리를 쫓아내고, 세상에서 가장 훌륭한 사원을 짓기로 해. 천상의 세계를 지상에 그대로 옮겨 놓은 듯한 사원을 지어서 신이 선택한 왕은 바로 자신임을 내보이려 한 거야. 훌륭한 건축물을 지어 백성들 마음을 사로잡으려는 꾀를 부렸던 거지.

앙코르 와트를 지을 무렵, 크메르 왕국에는 불교가 이미 전파되어 있었

앙코르 와트의 비슈누 신 조각, 수리야바르만 2세가 수호신으로 삼았다.

어. 하지만 수리야바르만 2세가 수호신으로 삼은 신은 힌두교에서 높이 받드는 비슈누 신이야. 비슈누 신이 승리를 상징하는 신이기 때문이래. 그 시절 크메르 왕국은 훌륭한 목조 건축 기술을 가지고 있었지만, 수리야바르만 2세는 돌을 주재료로 한 건축 방법을 선택해. 자신이 이룩한 힘은 돌처럼 영원히 사라지지 않을 거라는 것을 나타내

돌탑의 무게를 지탱하기 위해 버팀벽을 설치했다.

고 싶어서였대. 그것이 앙코르 와트가 받침돌부터 꼭대기까지 온통 돌로만 만들어지게 된 까닭이야.

그렇다고 해서 앙코르 와트 건설이 아무 탈 없이 순조롭게만 이루어진 것은 아니야. 신전이 완성될 무렵, 위험천만하게도 사원이 무너질 뻔한 일이 있었어. 이때 앙코르 와트 기술자들은 꼭대기 탑으로 올라가는 가파른 계단 옆에 안정감을 줄 수 있는 벽을 세워서 문제를 해결했어. 고딕 양식의 건축물, 샤르트르 성당을 지을 때 무거운 첨탑 지붕 무게를 지탱하기 위해서 버팀벽을 발명했다고 말했던 거 기억하니? 바로 그 방법을 쓴 거야. 샤르트르 대성당 건축가들이 버팀벽을 발명했던 시기에 크메르 인들도 비슷한 원리를 이용해 돌탑의 무게를 버틸 수 있도록 한 거지. 무거운 돌이 짓누르는 힘을 받아 아래로 전달되도록 꾀를 쓴 것인데, 이 방법을 찾아내지 못했으면 앙코르 와트 사원은 천 년 세월을 견디지 못했을지 몰라.

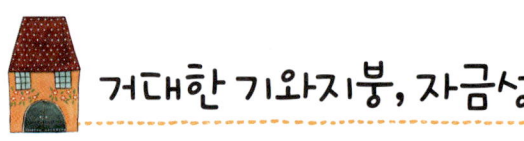
거대한 기와지붕, 자금성

　중국 건축은 서양 건축, 이슬람 건축과 함께 세계 3대 건축의 하나로 꼽힐 만큼 오랜 역사와 전통을 가지고 있어. 영토가 넓은 만큼 폭넓은 기후대를 갖고 있어서 건축 양식도 그에 걸맞게 다양하게 발전되어 왔지만, 기후와 상관없이 중국 전 지역에 두루 퍼져 있는 중국만의 양식도 있지. 건축물을 지을 때 건축 전문 책인 〈영조법식〉(중국 북송 시대의 건축가인 이계가 지은 토목건축에 대한 책)에 적혀 있는 방법과 기준을 두루 따르도록 했기 때문이래. 그래서 중국을 여행하다 보면 건축을 공부하지 않은 사람들도 대부분 사찰이나 수도원, 궁전 등이 일정한 기준에 맞춰 건축되었다는 것을 느낄 수 있어. 중국이 자랑거리로 여기는 세계에서 가장 큰 궁궐, '자금성'도 그런 특징을 잘 보여 주는 건축물이야.

자금성

중국 옛 건축물들을 살펴보면 서양의 고대 건축물들과 뚜렷하게 대비되는 게 하나 있어. 중국의 옛 건축물들은 건물을 하나하나 떼어서 보면 서양의 고대 건축물들처럼 겉모습이 웅장하거나 복잡하지 않다는 거야. 자금성처럼 커다란 성벽에 둘러싸인 궁궐이라 할지라도 건물을 하나하나 떼어서 보면 겉모습은 단순하고 규칙적일 뿐, 우람함과는 거리가 있어. 서양 건축물들은 주로 한 건물에 웅장함과 화려함이 다 나타나지만, 중국 건축물은 여러 개의 건물이 모여 무리를 이루었을 때 비로소 거대해지고 장엄해지는 특징이 있어. 지붕도 서양은 돌이나 진흙을 주재료로 해서 거대한 형태로 얹었다면, 중국은 소박하게 나무로 틀을 만들고 그 위에 기와를 얹는 방법으로 발전되어 왔어. 비가 들이치지 않도록 지붕 사방에는 처마를 두르고, 처마 양끝을 위로 살짝 들어 올려 지붕 선이 구부러져 보이게 했다는 점도 독특해. 이것은 우리나라 전통 기와집 지붕에서도 두드러지게 나타나는 특징이야.

이름은 자금성(紫禁城)이지만, 자금성에서 두드러지는 색깔은 자주색과

황금색, 두 가지야. 벽과 기둥에는 자주색, 지붕에는 모두 황금색이 칠해져 있어. 흙으로 구운 기와지붕에 온통 황금색을 칠한 까닭은 그곳이 황제가 머무는 궁궐이기 때문이래. 자금성에서 가장 중요한 곳인 태화전 지붕도 황금색 기와로 덮여 있는데, 형태는 지붕 네 곳의 경사가 완만한 우진각 지붕이야. 우진각 지붕을 우리나라에서는 울릉도의 투막집처럼 서민들의 전통 가옥에도 썼지만 중국에서는 황제의 궁전에만 써야 한다는 법이 있었대. 중국에서는 우진각 지붕이 가장 높은 등급의 지붕이었기 때문이야. 태화전 지붕 양 끝에는 황제를 상징하는 용과 잡상을 올렸어. 잡상은 궁궐이나 누각 등의 지붕 끝에 여러 가지 짐승 모양으로 만들어 얹은 장식

황금색 기와로 덮인 태화전

태화전 지붕 위 용과 11개의 잡상

기와를 말해. 잡상을 올리는 까닭은 잡상들이 공중에 떠도는 잡귀들을 물리쳐 건물을 안전하게 지켜 준다고 믿기 때문이야. 잡상은 건물 규모나 계급이 높은 순서대로 11개, 9개, 7개, 5개 순으로 올리는데, 맨 앞은 사람 모습을 한 것이고, 그 뒤 잡상들은 여러 가지 동물 형상을 하고 있어. 태화전 지붕에 올라 앉은 잡상은 모두 11개야. 이것만 봐도 황제가 머무르는 곳을 얼마나 귀하게 여겼는지 짐작할 수 있겠지?

태화전은 3단의 대리석 위에 지어졌어. 중국에서는 3단으로 기단을 쌓은 집에 머물 수 있는 사람은 오로지 황제뿐이라 믿었거든. 대개 나무로 이루어진 지붕은 건물 전체 크기에 비하여 약간 커 보이고, 건물 면적이 크면 클수록 지붕도 크고 높게 보여. 태화전은 이런 건축물의 특징을 잘 보여 줘. 지붕 처마 선 양 끝이 가운데보다 약간 올라가 전체적으로 보면 구부러진 선을 이루고, 지붕면도 평평하지 않고 약간 휘어져 있어. 그래서 지붕 전체 크기에 비해서 경쾌하고 가벼운 느낌을 주지. 만약 처마 선 양 끝이 휘지 않고 지붕면도 곧고 반듯하다면 무겁고 거칠고 둔한 느낌이 났을 거야.

나무를 주재료로 한 목조 건축물은 돌을 주재료로 하는 석조 건축물처럼 웅장하고 장엄한 느낌을 만들어 내기 어려워. 하지만 돌보다 다루기가 쉽기 때문에 석조 건축물보다 훨씬 더 섬세하고 아름답게 만들 수 있는데, 특히 지붕을 마무리할 때 그 장점을 가장 높이 살릴 수 있어. 지붕과 기둥을 잇는 받침대 부분을 아름답게 장식할 수 있고, 취향에 따라 여러

자금성의 정문인 천안문

가지 색깔을 입힐 수도 있어.

  중국이 건축물을 지을 때, 서양처럼 돌을 많이 쓰지 않고 나무를 주로 사용한 건 돌이 많지 않은 나라여서도 아니고, 돌을 다룰 수 있는 기술이 부족해서도 아니야. 단지 건축 재료로 쓰기엔 돌보다 나무가 좋다고 생각해서야. 중국 사람들이 나무를 얼마나 좋아했는지, 건축물을 지을 때 나무를 너무 많이 베어다 쓰는 바람에 숲이 벌거숭이가 된 적도 많았다지 뭐야.

자금성을 둘러싼 인공 호수

 ## 날렵하고 고운 기와지붕, 히메지 성

    일본의 효고 현 히메지 시에는 지붕이 마치 백로가 날개를 펼친 듯 보이는 건축물도 있어. 이 건축물 이름은 '히메지 성'인데, '시라사기 성'이라고도 불러. '시라사기(白鷺)'는 '백로'라는 뜻으로, 지붕이 마치 백조가 날개를 펼치고 앉아 있는 듯 보여서 붙여진 이름이래. 히메지 성은 겉모습이 독특하고 아름답기 때문에 왕족이 살았던 궁궐이라고 짐작하기 쉬워. 하지만 이 성은 일본이 봉건 국가였던 17세기에 귀족 출신 무사인 사

히메지 성

무라이들을 거느리고 살았던 이 지역 다이묘(지방 영주)가 쇼군(일본 무신 정권 시대에 권력을 행사한 우두머리)들의 공격을 막기 위해 지은 성이야. 그 시절 일본은 다이묘들과 쇼군들이 한창 힘겨루기를 하던 때였거든. 그러니까 아름답게 다듬어진 히메지 성은 군사 시설인 거지. 아름다우면서도 튼튼하고, 일본 봉건 시대 건축 문화는 물론 군사 시설과 군사 문화까지 잘 보여 주고 있어서 세계적으로도 높은 평가를 받고 있는 세계문화유산이기도 해. 주된 재료가 나무와 흙, 그리고 기와로 된 목조 건축물이라 서양 건축물과 뚜렷한 차이를 보이면서도 우리나라와 중국과는 다른 독특한 멋을 풍기고 있어.

히메지 성의 겉모습은 요새라기보다는 왕과 가족들이 평화롭게 깃들어 사는 호화로운 궁전처럼 보이지만, 서양 건축 역사에 등장하는 화려한 궁전이나 웅장한 요새들과는 완전히 다른 느낌을 줘. 그 까닭은 순전히 지붕 덕분이야. 히메지 성은 단단한 버팀돌 위에 나무와 흙을 주재료로 해서 여러 채의 건물을 앉혔는데, 모든 건물 벽이 온통 하얀 것은 불에 잘 타지 않도록 하얀 석고 유약을 발랐기 때문이래. 나무와 흙을 주재료로 한 건물은 불에 쉽게 타기 때문에 무너지기 쉽잖아. 하얀 벽 위에는 이리

대천수각에서 내려다본 지붕 모습

굽고 저리 꺾인 'ㅅ' 자 형태의 널빤지 위에 길게 뻗어 나온 기와지붕이 얹혀져 있어. 지붕은 암키와와 수키와가 서로 엇갈려 가며 덮여 있어서 불에 강하고 멋부림 효과도 뛰어나. 짚이나 억새로 된 지붕을 얹은 다른 일본 전통 집들은 불에 타 버리기 쉽기도 하지만 멋을 부리기도 어려워. 그런데 히메지 성 지붕은 기와에 나뭇잎, 꽃, 태극 문양 등을 새겨

다이묘 가문의 문장으로 조각한 와당

갖은 멋을 부렸어. 또 기와 끝을 막은 원형 기와, 와당에는 성의 주인인 다이묘 가문을 상징하는 문장이 조각되어 있어. 군사 시설에 얹혀진 지붕이 이렇게 아름다운 가치를 지니고 있다니, 참 놀랍지? 이것은 히메지 성이 예술성 있는 유물로 인정받는 까닭이기도 해.

복도로 연결된 소천수각과 대천수각

히메지 성에서 예술성이 특히 뛰어나다고 인정받는 곳은 성에서 가장 높은 곳, 대천수각과 그 옆에 나란히 있는 소천수각이야. 가문을 상징하는 문양이 들어간 기와나 지붕 장식이 섬세하고 화려하기 때문이야. 대천수각 맨 꼭대기 치미에는 일본 신화에 나오는 짐승, 샤치호코를 화려하게 꾸며 놓았어. 샤치호코는 머리는 호랑이나 사자인데 몸은 물고기 형태인 장식 기와야. 이런 모양 장식을 지붕 꼭대기에 올린 까닭은 이 장식물이 성을 화재로부터 보호해 줄 거라는 믿음이 있어서야. 이 장식 덕분에 히메지 성은 더 기품 있고 멋스러워 보여. 또 대천수각 맨 꼭대기 층에는 창문을 여러 개 만들었는데, 맨 위쪽에서는 수십 킬로미터 떨어진 곳에 있는 적군의 움직임까지도 감시할 수 있었대.

성 안은 겉에서 상상하는 것보다 훨씬 더 세심하게 설계되었어. 성 안을 채운 건물들은 수없이 많은 계단과 통로 들이 미로처럼 복잡하게 얽혀 있어서 혹시라도 성벽을 넘어 들어온 적들이 길을 잃고 헤매기 쉽도록 만들어 놓았대. 또한 성문이나 성벽, 외벽이 늘어서 있는 구조로 인해 쳐들

3층으로 된 소천수각이 3개 있다.

시대별 샤치호코와 현재의 샤치호코

어온 적이 미로에 갇힌 것처럼 빙빙 돌며 방향 감각을 잃도록 했지. 심지어 오늘날에도 끝없이 이어진 계단과 통로 때문에 들어가거나 나가려는 관광객들이 종종 길을 잃기도 한대. 그러니까 이곳을 여행할 때에는 한눈팔지 말고 안내인을 잘 따라다녀야겠어. 미로에 갇혀 나갈 곳을 찾지 못하면 정말 곤란하잖아.

복잡한 구조로 길을 잃기 쉬운 히메지 성 안 길

한·중·일 삼국의 지붕 비교

지붕에 기와를 올린 한국·중국·일본 세 나라 문화재를 살펴보면, 건물보다 몸체가 더 큰 지붕을 얹고 있는데도 지붕이 건물을 짓누르는 듯한 느낌을 주지 않아. 또 지붕 아래로 햇빛이 잘 비쳐 들어 건물이 밝아 보여. 건물보다 길게 튀어나온 처마 양쪽 끝이 살짝 들려 있기 때문이지. 이런 공통점이 있으면서도 세 나라 지붕을 꼼꼼히 뜯어 살펴보면 나라마다 건축물이 주는 느낌이 조금씩 다르고 저마다 다른 멋을 풍겨.

한국 부석사 무량수전

처마 전체가 곡선을 이루는 한옥 지붕

처마 끝이 살짝 들려 있어!

중국과 일본의 지붕은 처마 양 끝은 살짝 들려 있지만 가운데는 반듯한 직선이야. 그런데 한옥 지붕은 처마 전체가 휘어진 듯 부드러운 곡선을 이루고 있어서 좀 더 가볍고 산뜻한 느낌을 줘. 중국·일본과 달리 한옥 지붕이 부드러운 곡선을 이루게 된 데에는 한국의 지형적 특성이 큰 영향을 미쳤다고 해. 한국은 국토의 대부분이 산이기 때문에 자연스럽게 산으로 둘러싸인 곳에 건축물을 짓는 일이 많았거든. 그래서 건축물 지붕을 얹을 때도 지붕 선이 주변 산봉우리와 잘 어울리도록 부드러운 곡선이 되도록 한 거야. 주로 산기슭에 터를 잡는 사찰뿐 아니라, 일반 사람들이 사는 집들도 마찬가지야. 주로 신분이 높은 사람들이 짓고 살았던 기와집뿐 아니라, 서민들이 짓고 살았던 초가집 지붕까지도 마을 뒤에 둘러 서 있는 산들과 닮아 있어.

부드러운 느낌이 나네.

한옥 지붕이 부드럽고 소박한 미를 지니고 있다면 중국

중국 자금성 황극전

일본 슈리성

지붕은 크고 화려한 멋을 뽐내. 지붕에 쓰이는 색채도 한옥은 색을 입히기보다 구운 기와의 자연스러운 색을 그대로 나타내려 하지만, 중국 지붕은 붉은색과 금색을 많이 입혀서 무척 화려해. 한옥의 기와지붕과 중국의 기와지붕을 비교하면 한옥 지붕 선이 전체적으로 구부러져 더 경쾌하고 부드러운 느낌이 나지. 일본 기와지붕도 끝이 약간 들리긴 했지만 전체적으로 보면 직선에 가까워서 날카로운 느낌이 나.

기와지붕을 만들 때 나무틀을 짜고 그 위에 기와를 얹는 것은 세 나라가 같아. 하지만 한국은 지붕에 기와를 얹기 전에 밑에 진흙을 두껍게 발라. 그렇게 하면 여름에는 서늘하고 겨울에는 따뜻하기 때문이래. 또 지붕에 무게가 적당하게 실리면 지붕을 받치고 있는 나무 기둥이 뒤틀리지 않고 안정감 있게 된대.

쓰인 재료가 같은데도 지붕에서 풍기는 느낌이 저마다 독특한 것은 나라마다 누리고 있는 지형과 문화적 환경이 달라서야. 그러니까 어느 것이 더 낫고 못하다고 비교할 수 없지. 똑같이 동양 건축의 멋을 보여 주면서도 세 나라가 저마다 다른 미를 드러내고 있는 것은 참 자연스러운 일이거든.

건축물의 지붕에 담긴 지혜와 비밀이 참 많기도 하지?
건축물에 쓰인 재료나 만든 목적, 담긴 의미는 저마다 다르지만,
한 가지 같은 게 있다면 모두가
사람들이 이룩한 지혜의 산물이라는 거야.
이 다음에 집을 짓는다면, 너희는 어떤 지붕의 집을 짓고 싶니?

3장 과학으로 이룬 건축물

 팔각 돔, 산타 마리아 델 피오레 대성당

    이번엔 붉은색 지붕 하나가 도시 풍경을 바꾸어 놓은 얘기를 들려줄까? 이 지붕을 얹고 있는 건축물은 이탈리아 피렌체 시에 있는 '산타 마리아 델 피오레 대성당'이야. '두오모'라고도 많이 불리고, '피렌체 대성당'으로도 불리지만, 제대로 갖추어 부르는 이름은 '산타 마리아 델 피오레 대성당'이야. '두오모'는 '돔'을 뜻하는 말이고, '산타 마리아 델 피오레'는 '꽃의 성모 마리아'라는 뜻이래. 산타 마리아 델 피오레 대성당은 지붕이

산타 마리아 델 피오레 대성당

특히 더 인상적이야. 지름이 42미터나 될 만큼 거대하기도 하지만, 돌을 팔각형으로 쌓아 올려 다른 돔들과 뚜렷하게 구별되는 지붕이거든. 반원 모양의 돔은 이전에도 많았지만 팔각형 돔은 산타 마리아 델 피오레 대성당이 처음이야. 아름답고 거대하기만 한 게 아니라 과학의 힘까지 곁들여진, 그 시절로써는 무척 놀라운 조형물이지. 무겁고 단단한 벽돌로 팔각형 모양 지붕을 만들어 꼭대기에 얹으면서도 바깥에 어떤 지지대도 쓰지 않았어. 그래서 산타 마리아 델 피오레 대성당은 보다 밝고 산뜻한 건축물이 되었어.

산타 마리아 델 피오레 대성당은 르네상스 운동이 일어났던 시대에 지어졌어. 르네상스 운동이란 이탈리아를

지름 42미터의 거대한 팔각형 돔 지붕

중심으로 전 유럽에 퍼져나간 문화 운동인데, 신을 중심에 둔 중세적 관념에서 벗어나 인간을 중심으로 보는 문예 부흥 운동을 말해. 피렌체는 르네상스 문화의 중심지로, 도시 전체가 세계문화유산으로 정해졌을 정도지. 그런데 그 많은 문화유산들 중에서 사람들이 피렌체의 상징으로 제일 먼저 떠올리는 게 뭔지 알아? 산타 마리아 델 피오레 대성당이야. 성당이 크기 때문이기도 하지만, 붉고 거대한 돔 지붕이 피렌체 시의 붉은 지붕들을 아우르며 도드라져 보이기 때문이야. 피렌체 시는 시가지에 있

산타 마리아 델 피오레 대성당 옆면과 정문

는 모든 집이 산타 마리아 델 피오레 지붕과 어울리지 않는 일이 없도록, 지붕만큼은 반드시 붉은색으로 칠하도록 정해 놓았대. 그만큼 산타 마리아 델 피오레 대성당 지붕은 피렌체 사람들에게 특별하고 자랑스러운 의미가 있어. 그렇다면 이렇게 훌륭한 지붕을 대체 누가, 어떻게 만들었을까?

피렌체는 고대 로마 시절부터 상업이 발달했던 곳이야. 13세기 무렵에는 이탈리아에서 가장 부유한 도시였을 뿐 아니라 문학과 과학, 예술이 발달한 도시로도 이름을 떨쳤어. 부유한 도시이다 보니 그 시절 최고 학자들과 예술가들이 모여들었는데, 이들의 재능을 알아보고 아낌없이 도움을 주는 사람들이 있었기 때문이야. 피렌체가 문예 부흥 운동의 중심지가 될 수 있었던 것은 바로 그들 덕분이라고 말할 정도야. 피렌체 시민들은 자신들이 살아가는 도시가 이탈리아에서 가장 부유할 뿐 아니라 문화와 예술의 중심지라는 것에 큰 자부심이 있었대. 그래서 13세기 말, 피렌체 시에서는 시의 번영을 상징하는 대성당을 짓기로 해. 로마 시대에 지어져 곧 부서질 듯 서 있는 낡은 산타 레파라타 성당을 허물고 그 자리에 훨씬 더 웅장한 대성당을 짓기로 했는데, 그렇게 세워진 것이 바로 산타 마리아 델 피오레 대성당이야.

그런데 처음 책임을 맡았던 건축가가 사망하는 바람에 이런저런 걸림돌이 생겨. 건축가 여러 명이 차례로 일을 맡아 전체 구조는 틀이 잡히게 됐지만, 지붕에 대형 돔을 얹는 일이 끝내 숙제로 남았어. 시에서는 처음 설계된 대로 거대한 돔을 버팀벽 없이 올리고 싶어 했지만, 그 시절 건축 기술로는 불가능했대. 성당 공사는 자꾸만 늦어졌고 시에서는 골치를 앓았어. 궁리 끝에 시에서는 상금을 내걸고, 버팀벽을 세우지 않고 거대한 돔을 올릴 방법을 알고 있는 사람을 찾는다는 안내문을 내붙여. 다행히 많은 건축가와 기술자 들이 큰 관심을 보였어. 상금으로 내걸린 돈이 제법 컸거든. 쟁쟁한 사람들이 서로 겨룬 끝에 마지막 승자가 된 사람이 누군지 알아? 바로 '필리포 브루넬레스키'야.

브루넬레스키는 대성당 지붕에 나무틀을 쓰지 않고 벽돌돔을 얹는 방법을 내놓아서 큰 관심을 얻었어. 또 고딕 건축물의 가장 큰 특징인 위로 곧게 올리는 첨탑은 만들지 않으면서도 뾰족한 모양의 창과 석재로 된 아치형 구조물을 설치해서 고딕 건축물에 르네상스 건축 요소를 덧붙인 건축가라고 높은 평가를 받았지. 특히 브루넬레스키가 완성한 돔은 그 시절로써는 미적으로나 기술적으로 대단한 성공을 이룬

산타 마리아 델 피오레 대성당 앞 브루넬레스키 조각상

작품이래. 나중에 로마의 성 베드로 성당 지붕에도 영향을 끼쳤고, 아직까지도 세계에서 가장 거대하고 아름다운 벽돌돔이라는 칭찬을 받는걸.

　브루넬레스키가 내놓은 지붕 설계는 여덟모꼴 바닥면에 두 겹으로 된 8개의 상자형 뼈대를 만든 뒤, 그 안에 벽돌을 지그재그 형으로 방향을 바꾸면서 비스듬하게 쌓아 가는 방법이야. 돔 주변을 돌로 테두리를 만들어 빙 둘러싸며 건물을 잡아 주기 때문에 돔 벽돌이 안쪽으로 무너지거나 바깥쪽으로 빠져나가지 않아. 또 돌로 돔 위아래 부분에 수평으로 테두리를 둘러 돔이 옆으로 벌어지는 것을 막을 수 있었기 때문에 버팀벽을 따로 만들 필요도 없었어.

　어때? 브루넬레스키가 과학적 지식을 갖추지 못한 사람이었다면, 세계 최초의 팔각형 벽돌돔이 탄생할 수 있었을까? 사실 브루넬레스키가 팔각형 돔을 만들기 위해 사용한 방법은 로마의 판테온 신전에서 사용된 적

팔각형 돔 지붕 ❶　돔 지붕 내부 구조도 ❷

산타 마리아 델 피오레 대성당 안 ❶ 돔 안쪽에는 〈최후의 심판〉 그림이 그려져 있다. ❷❸

있는 로마 기술이기도 하대. 그 방법을 산타 마리아 델 피오레 대성당에 써먹을 수 있었던 것은 브루넬레스키가 판테온 신전을 미리 눈여겨봐 뒀기 때문이겠지? 그런데 혹시 이거 아니? 이렇게 천재적인 건축가가 원래는 금 세공사였다는걸. 그런데 건축가로 이름을 남겼다니, 신기하지? 그는 과학적인 지식을 지닌 천재일 뿐 아니라 새로운 일에 대한 두려움이 없는 사람이기도 했나 봐.

브루넬레스키는 천재면서 도전가였네!

 과학이 숨긴 비밀 돔, 세인트 폴 대성당

   영국에 있는 세인트 폴 대성당은 길쭉한 반원형 돔 위에 뾰족한 첨탑을 덧얹은 지붕 모습이 참 인상적인 건축물이야. 지붕 너비보다 높이가 더 긴, 길쭉한 돔 모양을 하고 있는데, 높이가 110미터에 지름이 34미터나 돼. 돔 뒤쪽 양옆으로는 그보다 높이는 낮지만 돔 위에 얹은 첨탑과 닮은 또 다른 탑이 두 개 더 있어. 마치 돔 지붕을 경호라도 하는 것처럼 말이야. 그래서 어딘지 모르게 고딕 건축 양식의 성당들과 닮았다는 걸 느낄

세인트 폴 대성당

수 있어. 둥근 돔과 뾰족한 탑이 어우러진 모습은 이전 성당 건물에서는 볼 수 없는 대단히 놀라운 형태였어. 그런데 사실 세인트 폴 대성당의 건축가는 뾰족한 탑을 성당 지붕 위에 얹고 싶은 마음이 전혀 없었대. 그런데도 성당 지붕은 뾰족 탑과 돔이 어우러진 형태로 마무리되었는데, 그렇게 되기까지 참 많은 사연이 있었어. 게다가 지붕 속엔 건축가만 아는 비밀도 숨어 있어. 세인트 폴 대성당이 완성되기까지 어떤 사연이 있었는지, 건축가가 지붕에 숨긴 비밀은 또 뭔지, 한번 들어 볼래?

화재가 나기 전 세인트 폴 대성당의 모습

　1666년 9월 2일, 영국 런던 푸딩 거리에 있는 한 빵집에서 불이 났어. 불길은 금세 번져 나가 수없이 많은 건물과 성당이 타 버렸어. 그중에는 유럽에서 큰 성당으로 손꼽히던 세인트 폴 대성당도 있었대. 세인트 폴 대성당을 자랑거리로 여겼던 런던 사람들은 실망이 이만저만이 아니었지. 하지만 런던 사람들은 곧 팔을 걷어붙였어. 세인트 폴 대성당을 이전보다 더 훌륭하게 지어 보겠다고 나선 건축가도 나타났어. 뛰어난 수학자이자 천문학자였던 크리스토퍼 렌이라는 사람이야. 불타 버린 대성당을 다시 짓겠다고 나선 사람이 수학자라니, 좀 이상하지? 하지만 그 시절엔 수학자가 건축을 맡는 일이 조금도 이상할 게 없었거든. 더구나 그는 성당이 불타기 전부터 오래되고 낡은 세인트 폴 대성당을 새로 짓고 싶다는 꿈을 가졌었대. 그래서 성당 건축에 온 힘을 쏟았는데, 성직자들과 왕립위원회가 자신이 설계한 대성당 겉모습을 마음에 들어 하지 않아서 괴로워했다고 해. 그들이 건축에 드는 돈을 대 주고 있었기 때문에 그들 생각을 거스르면서는 공사를 이끌어 나갈 수 없었거든.

성직자들과 왕립위원회는 세인트 폴 대성당이 고딕 건축물처럼 높고 뾰족한 탑이 있는 성당으로 거듭나기를 바랐어. 하지만 렌은 성당을 그렇게 짓고 싶어 하지 않았대. 건물을 높이 올리려면 벽을 높이 세워야 하는데, 높은 벽은 웅장한 지붕 무게를 견뎌 내기 어렵잖아. 샤르트르 대성당을 얘기할 때 벽이 높은 첨탑 지붕을 지탱하기 위해서 바깥벽에 버팀벽을 세웠다고 한 것 기억나니? 그런데 렌은 건물 바깥에 버팀벽이 하나 더 생기는 게 성당 겉모습을 흉물스럽게 만들 거라고 생각한 거야. 사실 버팀벽은 높은 건물을 지탱하기에 더없이 좋은 발명품이지만, 보는 눈에 따라서 거추장스럽게 보일 수도 있어. 렌은 세인트 폴 대성당을 그리스 건축물처럼 단순하면서도 조화롭게, 건물 꼭대기엔 첨탑 대신 우아하고 아름다운 돔 지

세인트 폴 대성당 서쪽 정면. 마치 그리스 건축물을 보는 듯하다.

붕을 덮으려 했어. 그런데 공사비를 대 주는 사람들이 그렇게 하지 말라고 하니까 얼마나 곤란했겠어?

궁리 끝에 렌은 대성당을 고딕 건축물처럼 뾰족하게 만들되, 버팀벽을 만들지 않고 벽을 두껍게 하기로 해. 그런데 벽이 두꺼우면 건물이 둔중해 보여서 우아해 보이기 어렵고, 창을 내기 어렵기 때문에 안이 어두워 보이기 쉽잖아. 그래서 벽을 깎아 내고 얇아진 벽면에 창문을 달아서 안으로 빛이 들어오도록 꾀를 내. 그런데 얇은 벽이 무게를 견디게 하려면 버팀벽이 꼭 필요했어. 하지만 렌은 그 버팀벽이 건물 외벽에 복잡하게 드러나는 것을 꺼렸지. 그래서 버팀벽을 만들되 건물 밖에서는 버팀벽이 보이지 않도록 버팀벽 위에 경사 지붕을 덮어 가렸어. 이 과정에서 생긴 건물 벽과 버팀벽 사이의 공간은 사람들이 다닐 수 있는 공간으로 활용했어.

버팀벽 둘레에 가림벽을 만들어 겉모습이 단순해 보이게 했다.

그래도 문제는 한 가지 더 남아 있었어. 웅장한 돔으로 지붕을 덮었을 때 건물 벽에 전해질 지붕 무게를 계산해야 했거든. 벽이 그 무게를 감당해 내려면 어쩔 수 없이 버팀벽을 또 만들어야 했지. 그렇게 되면 대성당 겉모습은 또 복잡해지잖아. 그래서 렌은 또 한번 꾀를 내. 가짜 벽을 세우기로 말이야. 버팀벽 둘레에 가림벽을 만들어서 건축물 겉모양이 복잡하게 보이지 않도록 한 거야. 가림벽 안은 밖

돔 위의 석조탑 ❶ 벽돌돔, 쇠사슬 끼운 돔, 장식용 나무돔의 삼중 구조를 하고 있다. ❷

에서는 보이지 않을 테니까 멋지게 꾸밀 필요가 없어서 시간도 돈도 아낄 수 있었어.

 렌의 계획은 거기서 끝이 아니었어. 대성당 지붕을 로마의 성 베드로 대성당처럼 꼭대기에 석조탑이 덧얹어진 웅장한 돔으로 꾸미고 싶었지. 그런데 거대한 지붕이 오랫동안 벽을 짓누른다면 벽은 물론 건물 기초까지도 위험할 수 있거든. 속임수까지 써 가며 벽을 단단하게 했는데도, 실제로 돔이 완성되기도 전에 건물 기초가 내려앉는 일이 생기고야 말아. 돔 위에 석조탑을 얹는 일은 시작도 하기 전인데 정말 큰일이었지. 그래도 렌은 포기하지 않고 복합 현미경을 발명한 뛰어난 과학자 로버트 훅에게 도움을 청했대. 로버트 훅은 탑과 돔 무게가 벽에 덜 전달되도록 하려면 쇠사슬 구조에서 힌트를 얻어 보라고 도움말을 주었어. 그 말을 듣고 렌은 또 한번 기발한 방법을 생각해 내었대. 쇠사슬 양쪽 끝을 잡고 쇠사슬이 아래로 늘어지도록 한다고 가정해 봐. 무게 때문에 쇠사슬은 자연스러운 곡선을 만들며 밑으로 늘어질 거 아냐? 곡선을 이루는 낱낱의 사슬고리는 서로가 서로를 잡아당기는 상태가 되면서 말이야. 렌은 이 사슬을 뒤집으면 모든 고리가 누르는 힘을 받으며 서로를 밀어내는 힘이 생긴다는 원리를 생각해 냈어. 그리고 그것을 돔 구조에 써먹은 거야. 돔 맨 안쪽에는 벽돌로 반원형 천장을 만들고, 바깥에는 장식용 나무돔을, 그리고 이 두 개 돔 사이에는 쇠사슬을 끼워 넣은 벽돌돔을 만든 거지. 성당 안에서 보이는 천장 돔과 바깥에서만 보이는 장식용 돔 사이에 쇠사슬을 끼워 넣어 삼중 돔을 만든 거야. 맨 바깥쪽 장식용 돔은 돌탑 무게를 견디기 어려운데, 이때 쇠사슬 돔이 힘을 발휘해. 쇠사슬 돔은 쇠사슬 곡선 가운데에 추를 매

세인트 폴 대성당 돔 안팎

단 뒤, 그것을 거꾸로 뒤집은 것과 같은 모양이 거든. 그러니까 꼭대기 탑은 쇠사슬에 연결된 고리 구실을 하고 맨 아래 돔은 사슬에 매달린 물체가 되어 서로 잡아당기는 힘이 생기게 한 거지. 두 개의 돔 사이에 끼워 넣은 쇠사슬 돔은 만든 사람만 알고 있는 비밀 돔이야. 이 쇠사슬 돔 덕분에 세인트 폴 대성당은 단순하면서도 웅장하고, 웅장하면서도 우아한 겉모습을 지닐 수 있게 되었어.

그런데 풀어야 할 문제는 이게 다가 아니었어. 맨 안쪽 돔 아래가 너무 어두웠거든. 겉모습이 아무리 아름답다 할지라도 안이 어두컴컴하다면 성당이 신비롭게 보일 리 없잖아. 렌은 돔 안을 밝히기 위해 돔 중앙에 구멍을 내고 바깥쪽 돔과 안쪽 돔에 창을 만들어. 그리고 돔 안쪽에 그림을 그려 넣어 마치 바깥 돔인 것처럼 보이게 했어. 그 덕분에 세인트 폴 대성당은 꼭대기 탑에서 빛이 쏟아져 들어오는 것 같

세인트 폴 대성당 안

은 느낌을 줄 수 있게 된 거야. 세인트 폴 대성당은 완공되기까지 35년이나 걸렸어. 제2차 세계 대전이 일어났을 때 런던은 독일 전투기 폭격을 받았지만, 세인트 폴 대성당은 기적처럼 살아남았대. 그리고 300년이 지난 오늘날까지 런던을 상징하는 건축물로 우뚝 서 있어. 세인트 폴 대성당을 향한 런던 사람들의 사랑이 얼마나 대단한지 아니? '세인트 폴 대성당을 가리는 건축물을 지을 수 없다'는 법이 있을 정도야.

 자연 환기를 돕는 지붕, 석굴암

　흔히들 돔 지붕은 서양 건축 기술이 이뤄 낸 지붕 형태라고 생각하기 쉬운데, 우리나라에도 서양 건축 기술에 못지 않을 만큼 독특한 건축미를 가진 돔 지붕이 있어. 크기만으로는 서양 건축물과 비교할 수 없지만, 예술적으로나 과학적으로 큰 의미가 있는 돔 지붕이야. 어느 건축물의 지붕을 두고 하는 얘기인지, 혹시 눈치 챈 사람 있니? 경주시 토함산에 있는 불교 사찰, 석굴암 지붕이 바로 그것이야. 사찰 건축물인 만큼 석굴암 지붕은 종교적인 의미도 있고 예술적 가치도 높아. 더욱이 현대 과학자들도 깜짝 놀랄 만큼 신비한 과학 원리에 기대어 완성된 건축물이라는 값어치도 있어. 석굴암 지붕에 담긴 과학 원리가 대체 무엇인지, 이제부터는 석굴암 지붕을 파헤쳐 보려고 해.

밖에서 본 석굴암 모습

석굴암 안

    석굴암은 서기 751년, 신라의 재상이었던 김대성이 지은 절이야. 원래 이름은 '석불사(石佛寺)'인데, 석굴암으로 더 잘 알려진 것은 일제 강점기에 일본인들이 '석굴암'이라고 고쳐 불렀기 때문이래. 오랜 세월 동안 많은 부분이 없어지고 본당만 남아서 절이 아닌 하나의 암자에 지나지 않는다고 낮춰 생각한 거지. 크기가 작다는 걸 이유로 건축물이 지닌 가치를 낮춰 생각한 걸 보면, 건축물을 바라보는 시각이 좀 달랐던 것 같아. 석굴암은 많은 부분이 사라져 버리고 불상을 모셔 놓은 본당만 남은 것이 사실이지만, 세계 어느 곳에서도 그 예를 찾아보기 어려울 만큼 독특한 건축미를 가진 훌륭한 불교 건축물이야. 아시아에서 그 예를 찾아볼 수 없는 반원형 돔 지붕인 것도 지나칠 수 없는 점이지만, 과학과 예술이 손잡고 이뤄 낸 건축물이라는 값어치도 있어.

그런데 말이야, 석굴암 지붕이 과학적 원리를 바탕으로 만들어진 것이라는 걸 알게 된 때가 언제인 줄 알아? 어처구니없게도 부서진 석굴암 지붕을 고치려다 오히려 더 망가뜨린 뒤라지 뭐야. 이 일도 일제 강점기 때 일어났어. 석굴암은 사람이 일일이 돌을 다듬고 쌓아 만든 인공 석굴에 불상을 들여 놓은 사찰이거든. 그런데 석굴 천장에 맞춰져 있던 돌조각이 떨어져 나가 천장 위에 덮여 있던 흙이 떨어지는 일이 생겼대. 그래서 일본인들은 석굴암을 고쳐 짓는 일을 벌여. 떨어져 나간 천장을 다시 이어 붙이기만 하고 원래 모습대로 그냥 두었으면 좋았을걸, 바닥까지 뜯어보았다나 봐. 그랬더니 석굴암 바닥에 차가운 샘물이 흐르고 있더래. 일본인들은 물이 흐르고 있는 곳에다 어떻게 부처님을 모실 수 있느냐고, 불상 밑으로 흐르는 샘물이 밖으로 빠져나가도록 관을 연결하고 바닥을 덮어 버렸어. 석굴암 바깥 지붕에는 원래 덮여 있던 흙 대신 시멘트를 두껍게 바르고 말이야. 흙이 안으로 떨어지는 걸 막기 위

훼손되기 전의 석굴암

석굴 안 금이 간 천장

해서였는데, 이 일이 긁어 부스럼이 된 꼴이 되었지 뭐야.

고쳐 짓는 공사가 끝나고 2년이 지나자, 석굴암 바닥과 천장에 습기가 차서 여기저기에 물방울이 생기기 시작했어. 이전까지는 천장에서 돌조각이 떨어지는 일은 있어도 물방울이 생기는 일은 전혀 없었대. 까닭을 알지 못해 어리둥절했던 일본인들은 또 고쳐 짓기를 시작했다지. 그래도 석굴 안 습기는 사라지지 않고 부처상에는 푸른 이끼까지 생기기 시작했어. 나중에는 이끼를 씻어 내는 일까지 벌였지만 끝내 습기가 생기는 것은 막지 못했대.

일본이 물러간 뒤, 우리도 전문가들 도움을 받아 어떻게든 습기가 생기지 않도록 하려고 노력했지만, 끝내 바로잡지는 못했어. 하는 수 없이 기계의 도움을 받아 습기를 없애려고도 했지만, 이것은 또 다른 문제를 낳았어. 기계에서 울리는 진동 때문에 석굴 안에 아주 가느다란 금이 생기기 시작했거든. 석굴암은 지금도 완벽한 보수를 마치지 못한 채 유리벽을 설치해 일반인의 출입을 제한하고 있어.

　대체 왜 이런 일이 생긴 걸까? 전에는 한 번도 생기지 않았던 일이 고쳐 짓고 난 뒤부터 생기기 시작한 걸 보면, 석굴암을 지은 신라 시대 기술자들은 이런 일이 일어나지 않도록 꼼꼼하게 따져 보고 지었다는 얘기잖아. 과학자들이 오래 궁리한 끝에 알아낸 사실을 천 년도 전의 옛사람들이 알고 있었다는 얘기야. 대체 맨 처음 석굴암은 어떻게 지어진 걸까?

　알고 나면 원리는 간단한 거였어. 석굴 바닥에 찬물을 흐르게 해서 석굴 안과 바깥 온도가 차이가 나지 않도록 한 거야. 석굴 안이 바깥보다 더우면 안에 습기가 찰 거라는 걸 미리 짐작하고 자동으로 온도가 조절되도록 한 거지. 크고 작은 돌을 서로 맞물리게 쌓는 방법으로 인공 석굴을 만든 뒤, 석굴 바깥에는 수없이 많은 자연석을 올려놓고 그 위에 흙을 덮어 지붕을 만들었어. 먼저 돌을 쌓고 그 위에 흙을 덮는 방법으로 지붕을 만들면 자연스럽게 석굴 안으로 바깥 공기가 드나들어 습기가 생기지 않을 거라는 걸 헤아렸던 거야. 그래서 천 년이 넘는 동안 석굴 안에 습기가 서리고 물방울이 맺히는 일이 없었어. 그런데 고쳐 짓는다는 구실을 내세워 바닥에 흐르던 샘물 물길을 바꾸고, 석굴 위에는 공기가 전혀 드나들지

석굴암 구조

석굴 안 본존불과 불상을 둘러싼 아름다운 조각상들

못하는 콘크리트를 덮었으니 문제가 생길 수밖에. 만약 이 사실을 석굴을 만든 기술자들이 아신다면 혀를 끌끌 차고 버럭 화를 내시겠지. 정말 혼나도 마땅한 일이야.

  석굴암이 지니고 있는 값어치는 이뿐이 아냐. 인도와 중국의 천연 석굴 사찰도 나름 의미가 있지만, 석굴암은 처음부터 끝까지 사람 손을 빌어 만든 인공 석굴이라는 것에 더 큰 의미가 있어. 인공적으로 만들어졌는데도 자연을 거스르지 않고 아름다운 조화를 이루고 있다는 점이 남달라. 더구나 접착제도 없이 단단한 화강암을 다듬어 돔형 지붕을 만들었는데, 오로지 쐐기돌만으로 굴이 무너지지 않도록 했다는 것은 정말 놀라워. 어때? 현대 과학자들이 입을 떡 벌릴 만하지 않아?

습기? 물방울? NoNo!!

정원 지붕, 훈데르트바서 하우스

오스트리아 빈 시의 훈데르트바서 하우스

보통 정원은 집 앞마당이나 뒷마당에 두잖아. 그런데 정원을 지붕에 꾸민 아름다운 아파트가 있어. 오스트리아 빈 시에 있는 이 아파트는 원래 지은 지 오래되어 흉물스러웠던 시영 아파트였어. 그런데 한 예술가에 의해 새롭게 태어났어. 그 예술가 이름은 세계적인 미술가이자 건축가, '훈데르트바서'야. 훈데르트바서는 '사람들은 땅에서 사는 모든 생명체와 더불어 자연스럽게 살아가야 한다'는 신념을 건축물에 담아내고자 노력한 사람이야. 어느 날 빈 시의회가 훈데르트바서에게 흉물스러워진 시영 아파트를 살기 좋고 아름다운 공동 주택으로 바꾸어 달라는 요청

훈데르트바서

정원이 보이는 훈데르트바서 하우스

을 했대. 훈데르트바서는 그 요청을 기꺼이 받아들여서 낡고 오래된 아파트를 독특하고 아름다운 아파트로 거듭나게 했어. 이 아파트가 바로 '훈데르트바서 하우스'야.

　벽, 계단, 창문 등 훈데르트바서 하우스에서 독특하지 않은 곳은 한군데도 없어. 하지만 그중에서도 제일 놀랍고 독특한 곳은 지붕이야. 지붕에 정원을 꾸몄는데, 지붕을 부드러운 곡선으로 꾸미면서도 계단처럼 높낮이를 다르게 해서 거기에 흙을 올린 거야. 그리고 갖가지 풀과 나무, 꽃을 심어 정원을 만들었어. 그래서 훈데르트바서 하우스 지붕에는 새들이 날아와 놀다 가기도 해. 어디 새뿐인가? 답답한 집 안을 벗어나 산책을 하려면 공원을 찾아 나서야 했던 사람들은 짬이 날 때마다 지붕으로 올라

훈데르트바서 하우스 안도 겉모습처럼 독특하다.

와 나무 그늘 아래에서 차를 마시거나 이웃과 정다운 이야기를 나눌 수도 있어. 아무런 특징 없이 평범했던 아파트 지붕이 숲처럼 생명력이 넘쳐 나는 공간이 됐으니, 이 아파트에 사는 사람들은 얼마나 좋았겠어.

물론 지붕이 생명력 넘치는 공간이 되게 하기 위해서는 흙을 올리고, 나무를 심기 전에 해야 할 일이 많았을 거야. 물이 지붕 바닥으로 스며들어 천장에서 물이 떨어지는 일이 없도록 방수 공사를 단단히 하는 일 같은 것 말이야. 공사는 번거로웠겠지만, 정원 지붕이 완성되었을 때 삭막한 도시 생활에 지쳐 있던 사람들은 훈데르트바서 하우스에 단번에 마음이 사로 잡혔대. 원래는 서민들이 살았던 이 아파트에서 살고 싶어 하는 부자들도 많이 생겨났다지. 그런데 공사 책임자였던 훈데르트바서는 가난한 사람들에게만 이사 올 수 있는 자격을 주었다고 해.

훈데르트바서가 되살린 것은 오래된 공동 주택만이 아니야. 훈데르트바서 하우스가 문을 열자 오스트리아의 빈은 금세 관광객들로 북적였어. 지붕에 정원을 갖춘 아파트 한 채가 도시 전체에 활기를 불어넣어 준 거야. 마치 죽어 가던 환자가 되살아나 환자가 살던 집까지도 활기를 되찾게 된 셈이지. 그래서 훈데르트바서에게는 '건축 치료사'란 별명이 생겼어. 죽어 가던 건축물을 되살려 낸 사람에게 참 잘 어울리는 별명 아니니?

 환경을 생각하는 지붕, 에너지 제로 하우스

요즈음 집에서 가장 많이 쓰는 에너지가 뭔지 아니? 그래, 가스와 전기야. 가스는 그 자체가 언젠가는 없어지게 될 화석 연료이고, 전기는 주로 석탄과 석유를 가지고 만드는데, 그 또한 화석 연료야. 그러니까 이제까지 써 온 것처럼 가스와 전기를 사용하다가는 이 지구에서 자원이 바닥나 버리는 일이 일어날지도 몰라. 게다가 이들 화석 연료는 자연을 파괴하지 않고는 채굴할 수도 없어. 그래서 뜻있는 사람들은 어떻게 하면 에너지를 적게 쓸까, 또 자연을 훼손하지 않고 에너지를 집에서 직접 만들어서 쓸 방법은 없을까, 궁리하기 시작했어. 그래서 생긴 집들이 친환경 주택이야.

영국 최초의 성공적인 에너지 제로 하우스 주택 단지, 베드제드

그런데 그거 아니? 친환경 주택이 되려면 무엇보다 지붕이 제일 중요한 역할을 한다는 거? 친환경 주택은 화석 연료를 원료로 해서 만들어진 에너지를 받아 쓰지 않고, 집에서 직접 만들어 쓰기 때문에 '에너지 제로 하우스'라고도 불러. 에너지 제로 하우스는 태양열을 받아 물을 데우고 전기를 만들어 쓰는 집인데, 이때 지붕이 제일 큰 구실을 해. 지붕은 집에서 가장 높은 곳이니까 태양열을 받아 모으기에 참 좋잖아. 그래서 에너지 제로 하우스는 지붕이 여느 집들과는 좀 달라. 지붕에 태양 빛이나 열을 모으는 기계, 집열판을 달기 때문이지. 좀 더 정확하게 말하면 지붕 위에 집열판을 덧씌우는 거야. 집열판은 빛을 모아 높은 열이 생기게 하는 기계인데, 태양의 복사광선을 빨아들여 열에너지로 바꾸는 장치야.

태양열 집열판

태양열로 어떻게 에너지를 만들까 의아하다면 돋보기에 햇빛을 쬐어 종이에 불을 붙이는 실험을 떠올려 보면 좋아. 에너지 제로 하우스는 돋보기로 햇빛을 모아 열을 내는 것처럼, 지붕에 설치된 태양열 집열판에 열을 모아 물을 끓이고, 끓는 물에서 생기는 증기로 기계를 돌려 전기를

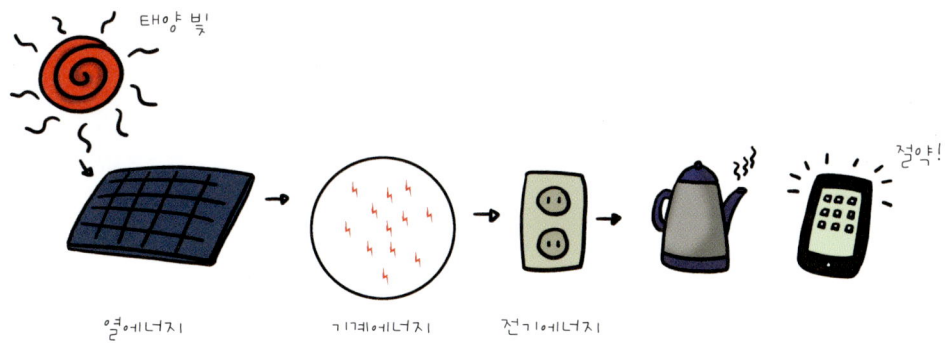

독일 프라이부르크의 태양열을 이용하는 주택 단지

만드는 집이거든. 그러니까 태양 빛을 이용한 '열에너지'가 '기계에너지'가 되고, 기계에너지는 마침내 '전기에너지'가 되는 거지. 기름을 데운 뒤 기계를 돌려 전기를 만드는 화력발전소 원리와 비슷한 거야. 화력발전소에서 만드는 전기 원료가 석유라면, 에너지 제로 하우스 원료는 태양열이 되는 거야.

에너지 제로 하우스는 무엇보다 태양으로부터 오는 에너지를 모아 열로 바꾸는 기술, 즉 지붕에 덧붙이는 '집열판' 없이는 불가능해. 집열판은 동판에 태양열 흡수 코팅을 한 동파이프를 여러 가닥 붙인 뒤 그 위에 간유리(광택이 없고 투명한 유리)를 덮어서 만들어. 이때 동파이프를 쓰는 건 오래돼도 삭지 않기 때문이래. 태양열로 뜨겁게 데워진 물이 동파이프를 통해 저장소로 내려가고, 차가워진 물은 다시 올라와 데워지는 과정을 되풀이되게 하는 원리야.

핀란드 헬싱키 에너지 제로 마을 아파트. 태양열 집열판이 복도마다 설치되었다.

에너지 제로 하우스에 열을 모으는 기술만 쓰이는 것은 아니야. 열을 저장하는 기술도 있어야 해. 열을 모으는 때는 낮이고, 모아진 열을 쓰는 때는 주로 밤이거든. 그래서 열을 저장해 뒀다가 필요할 때 꺼내 쓰는 기술이 필요한 거야. 그렇다면 비나 눈이 내리고, 하루 종일 구름이 끼어 해가 나오지 않는 날이 계속되면 어떻게 해야 할까? 이런 날은 하는 수 없이 가스나 석유, 혹은 불 때는 나무 같은, 다른 에너지의 도움을 받아.

에너지 제로 하우스는 태양열뿐 아니라 땅속에서 생긴 지열을 이용하기도 해. 지열을 이용한 에너지 제로 하우스는 화석 연료를 쓰지 않고 재생 에너지를 이용한다는 점에서 태양열 제로 하우스와 같아. 재생 에너지란 태양열, 지열, 수력, 풍력처럼 계속 써도 없어지지 않는 에너지를 말해. 다른 게 있다면 열을 모으는 장치가 지붕에 달리는 게 아니라 땅속에 묻힌다는 거야. 땅속에서 생긴 열을 모아 물을 데운 뒤, 집 안 공기를 덥히는 방법이거든.

화석 연료를 최대한 적게 쓰려는 노력으로 지어진 집에는 '3리터 하우스'라는 것도 있어. 일반 집들은 바닥 면적 1제곱미터를 덥히는 데 한 해 동안 20리터의 연료가 쓰인대. 그런데 3리터 하우스는 같은 면적을 덥히는 데 3리터의 연료만 있으면 돼. 집을 지을 때 안과 바깥 온도 차이가 잘 나지 않도록 지붕이나 벽에 첨단 단열재를 쓰고, 창문도 이중으로 만들어

독일 다름슈타트의 3리터 하우스

호주 시드니의 주상 복합 건물, 원 센트럴파크. 세계에서 가장 높은 수직 정원으로 에너지 소비를 감소시킨다.

열을 빼앗기지 않도록 하면 아주 적은 에너지만으로도 집을 시원하게 하거나 따듯하게 만들 수 있어.

그런데 한 가지, 에너지 제로 하우스가 풀어내야 할 골칫거리가 있어. 에너지 제로 하우스는 에너지를 만드는 장치를 주로 지붕에 설치해야 하기 때문에 지붕에 멋을 부리기 어렵고, 집을 지을 때 그만큼 돈이 더 든다는 거야. 물론 집을 지을 때 더 들어간 돈은 에너지를 아끼면서 사는 동안 돌려받는다고 생각할 수 있어. 또 자연을 훼손하지 않고 지구를 건강하게 만드는 일을 실천하며 산다는 뿌듯함도 느낄 수 있고 말이야. 그래도 에너지 제로 하우스를 지을 때 돈이 많이 들지 않는다면 돈 때문에 에너지 제로 하우스를 짓는 일을 망설이는 사람들이 생기지 않을 거 아니야. 또 지붕에 덧대는 집열판이 집의 겉모양새를 해치는 문제는 어쩌지?

무슨 좋은 방법이 없을까? 만약 우리들 중 누군가가 그 방법을 생각해 낼 수 있다면 사람과 자연 모두에게 참 좋은 일일 거야.

어때? 건축물의 지붕에 담긴 지혜와 비밀이 참 많기도 하지? 건축물에 쓰인 재료나 만든 목적, 담긴 의미는 저마다 다르지만, 한 가지 같은 게 있다면 모두가 사람들이 이룩한 지혜의 산물이라는 거야.

이다음에 집을 짓는다면, 너희는 어떤 지붕의 집을 짓고 싶니? 요즈음의 건축 기술은 기후와 환경에 얽매이지 않아도 될 만큼 빼어나서 마음만 먹으면 얼마든지 튼튼하고 편안하며 멋지기까지 한 집을 지을 수가 있을 거야. 하지만 한 가지, 지구촌에 살고 있는 모든 사람들이 집을 지을 때 꼭 헤아렸으면 하는 게 있어. 편안함과 안전함, 거기에 튼튼함과 멋스러움을 더한 집을 짓더라도 지나치게 많은 에너지를 써야 하는 집이 아니었으면 좋겠다는 거야. 아무리 많이 써도 바닥나지 않고, 자연을 훼손하지 않아도 되는 에너지를 쓸 수 있는 날이 오기 전까지는 말이야.

이다음에 우리가 살 집은 에너지 제로 하우스처럼 에너지를 적게 쓰거나 만들어 쓸 수도 있는 집이면 어떨까? 에너지를 만드는 집열판 모양을 멋스럽게 할 수 있는 방법을 궁리해서 지붕을 훌륭하게 꾸밀 수도 있다면 더욱 좋겠지? 돈이 많이 들지 않아도 되고 말이야. 그런 훌륭한 지붕을 만드는 주인공이 되어 보지 않을래?

 **참고한 자료**

도서

〈건축, 그 천년의 이야기〉 김동훈 등저, 삼양미디어, 2010
〈건축물은 어떻게 해서 서 있는가〉 마리오 살바도리 저, 손기상 역, 기문당, 1998
〈건축의 세계〉 조나단 글랜시 저, 김미옥 역, 21세기북스, 2009
〈건축의 일곱 등불〉 존 러스킨 저, 현미정 역, 마로니에북스, 2012
〈고대 건축〉 기지마 야스후미 저, 강영기 역, 르네상스, 2005
〈기후와 인간 생활〉 강철성 저, 다락방, 2009
〈김석철의 세계 건축 기행〉 김석철 저, 창비, 2000
〈동남아 건축 문화 산책〉 박순관 저, 한국학술정보, 2013
〈서양 건축사〉 정성현·최성원 공저, 동방미디어, 2003
〈사진과 그림으로 보는 건축의 역사〉 조너선 글랜시 저, 강주헌 역, 시공사, 2002
〈서양 건축의 역사〉 배대승 저, 대가, 2014
〈세계 건축의 이해〉 마르코 부살리 저, 우영선 역, 마로니에북스, 2009
〈세계 도시 건축 산책〉 김유봉 저, 주택문화사, 2003
〈세계에서 가장 위대한 건축 50〉 닐 스티븐슨 저, 이영아 역, 동녘, 2008
〈세계의 건축〉 필립 윌킨슨, 신예경 역, 시그마북스, 2013
〈우리 세계의 70가지 경이로운 건축물〉 닐 파킨 저, 남경태 역, 오늘의책, 2004
〈위대한 건축의 역사〉 필립 시몽 등저, 양진성 역, 깊은책속옹달샘, 2007
〈우리 건축 서양 건축 함께 읽기〉 임석재 저, 컬처그라퍼, 2011
〈인문학으로 읽는 건축 이야기〉 후지모리 데루노부 저, 한은미 역, 이순, 2012
〈재미있는 건축 이야기〉 루이스 헬만 저, 임종엽 역, 국제, 1991
〈건축물의 구조 이야기〉 미셸 프로보스트 저, 김수진 역, 그린북, 2013.
〈중국 고건축 기행 1〉 러우칭시 저, 이주노 역, 컬처라인, 2002
〈지붕 : 우주의 문턱〉 티에리 파코 저, 전혜정 역, 눌와, 2014
〈집들이 어떻게 하늘 높이 올라갔나〉 수잔나 파르취 저, 홍진경 역, 현암사, 2000
〈클릭, 서양 건축사〉 캐롤 스트릭랜드 저, 양상현 등역, 예경, 2003

다큐멘터리

'고대 건축 기술' 5, 6, 8, 9부, 내셔널지오그래픽 기획, 2008

* 이 책에 실린 사진에 대한 저작권은 (주)현암사에 있습니다. 그 외의 사진 출처는 다음과 같습니다.

10~11p. 이누이트 이글루, ⓒ Ansgar Walk, 12p. 이글루 제작 과정 ⓒ diagram0, 13p. 이글루 만들기 ⓒ Frank E. Kleinschmidt, 16p. 갓쇼즈쿠리 ⓒ Leyo, 투막집 ⓒ 문화재청, 17p. 투막집, 내부 ⓒ 문화재청, 시라카와고 ⓒ 663highland, 18p. 고카야마 ⓒ Minque, 갓쇼즈쿠리 지붕 ⓒ Bernard Gagnon, 19p. 지붕 창 ⓒ Sillago, 폭설 속 갓쇼즈쿠리 ⓒ そらみみ, 20p. 바나르족의 고상 가옥 ⓒ Rungbachduong, 21p. 타이의 고상 가옥 ⓒ Greg Willis, 22p. 누크의 고상 가옥 ⓒ Nanopixi, 23p. 미얀마의 수상 가옥 ⓒ 3coma14, 24p. 캄퐁 아에르 ⓒ Kulimpapat, 25p. 우르스족의 갈대집 ⓒ Unukorno, 26p. 우르스족의 갈대집 ⓒ Diego Delso, 27p. 갈대 말리는 모습 ⓒ Peter van der Sluijs, 29p. 트룰리 ⓒ Pizzaemandolino, 30p. 트룰리 지붕 ⓒ Marcok, 지붕 장식 ⓒ Livioandronico2013, 31p. 트룰로 ⓒ Istvánka, 32p. 산토리니 섬 ⓒ Harvey Barrison(위 왼쪽), Klearchos Kapoutsis(위 오른쪽), Edal Anton Lefterov(아래), 34p. 카파도키아 동굴집 ⓒ Luciana Caran, 35p. 카파도키아 동굴집 ⓒ Viault, 36p. 카파도키아 동굴집 ⓒ Niels Elgaard Larsen, 37p. 게르 ⓒ Mark Fischer, 38p. 게르 제작 과정 ⓒ Aloxe, Tkn20, 게르 내부 ⓒ Bouette, 40p. 유르트 ⓒ Ondřej žváček, 41p. 티피 ⓒ welcomeimages, 42p. 베두인족 천막집 ⓒ yeowatzup, 43~47p. 토루 ⓒ Gisling, 49p. 자금성 ⓒ Pixelflake, 앙코르 와트 ⓒ Photo Dharma, 50p. 아야 소피아 성당 ⓒ Arild Vågen, 52p. 중앙 돔 ⓒ José Luiz Bernardes Ribeiro, 돔 지붕 내부 ⓒ Guillaume Piolle, 펜덴티브 ⓒ FreeT, 53p. 성당 안 ⓒ Andreas Wahra, 56p. 타지마할 ⓒ Rajesnewdelhi, 58p. 돔 ⓒ Biswarup Ganguly, 59p. 외벽 ⓒ Dennis Jarvis, 타지마할 ⓒ Alex Furr, 60p. 내부 ⓒ Antoine Taveneaux, 61p. 샤르트르 대성당 ⓒ Olvr, 62p. 성모 마리아의 튜닉 ⓒ Urban, 63p. 샤르트르 대성당 ⓒ Tony Hisgott, 64p. 버팀벽(가운데) ⓒ Harmonia Amanda, Florestan(세 번째), 65p. 샤르트 대성당 조각 ⓒ Urban, 장미창 ⓒ MMensler, 66p. 쾰른 대성당 ⓒ Raimond Spekking, 67p. 지붕 ⓒ Judith Strücker, 성당 안 ⓒ Thomas Robbin, 68p. 앙코르 와트 ⓒ Bjørn Christian Tørrissen, 69p. 앙코르 와트 ⓒ Diego Delso, 70p. 앙코르 와트 ⓒ Harald Hoyer, 71p. 지붕 ⓒ Photo Dharma, 72p. 비슈누 신 ⓒ sailko(왼쪽), Photo Dharma(오른쪽), 73p. 버팀벽 ⓒ L-Bit, 74p. 자금성 ⓒ Ekrem Canli, 76p. 태화전 ⓒ Saad Akhtar, 77p. 잡상 ⓒ 秋水平湖, 78p. 천안문 ⓒ Ekrem Canli, 인공 호수 ⓒ Charlie fong, 79p. 히메지 성 ⓒ Terumasa, 80~83p. 지붕, 와당, 샤치호코, 소천수각 ⓒ Corpse Reviver, 81p. 대천수각 ⓒ Dariusz Jemielniak, 83p. 시대별 샤치호코 ⓒ Terumasa, 성 안길 ⓒ Sergio Perez(오른쪽), 84~85p. 무량수전 ⓒ 문화재청, 86p. 황극전 ⓒ giladr, 슈리성 ⓒ 663highland, 88p. 석굴암 ⓒ Richardfabi, 훈데르트바서 하우스 ⓒ Trishhhh, 90p. 산타 마리아 델 피오레 대성당 ⓒ Bruce Stokes on Flickr, 91p. 산타 마리아 델 피오레 대성당 ⓒ Fitamant, 92p. 정문 ⓒ Jebulon, 94p. 돔 ⓒ Frank k, 95p. 성당 안 ⓒ Gryffindor, ❸ 돔 안쪽 그림 ⓒ Arnold Paul, 96p. 세인트 폴 대성당 ⓒ Mark Fosh, 97p. 화재 전 대성당 묘사도 ⓒ Wenceslas Hollar, 99p. 세인트 폴 대성당 남쪽 ⓒ Diego Delso, 100p. 석조탑 ⓒ Colin, 101p. 돔 ⓒ Katie Chan(오른쪽), 돔 안쪽 ⓒ DP76764, 102p. 성당 안 ⓒ Diliff, 103~108p. 석굴암 ⓒ 문화재청, 107p. 석굴암 구조 ⓒ Junho Jung, 109p. 훈데르트바서 하우스 ⓒ Ludovic Hirlimann, 훈데르트바서 ⓒ Hannes Grobe, 110p. 지붕 정원 ⓒ Lucian Ilica, 111p. 훈데르트바서 하우스 안 ⓒ Hemant Jain, 112p. 베드제드 ⓒ Tom Chance, 113p. 집열판 ⓒ Wayne National Forest, 114p. 프라이부르크 ⓒ Andrewglaser, 헬싱키 ⓒ Pöllö, 115p. 다름슈타트 ⓒ Passivhaus Institut, 116p. 원 센트럴파크 ⓒ bobarc

* Wikimedia Commons

12p. 이글루 내부, 14p. 이누이트 생활 묘사도, 28p. 알베로벨로, 57p. 뭄타즈마할과 샤 자한의 초상화와 무덤, 62p. 십자가형 지붕, 64p. 버팀벽 그림, 83p. 히메지 성 안길(왼쪽), 94p. 돔 내부 구조도, 98p. 세인트 폴 대성당, 100p. 대성당 구조도, 101p. 세인트 폴 대성당 돔, 105p. 훼손되기 전 석굴암